guía
burros

PROTESTANTISMO

RUBÉN BAIDEZ LEGIDOS

www.protestantismo.guiaburros.es

EDITATUM

Diseño de cubierta: © Looking4

Maquetación de interior: © Editatum

Primera edición: Mayo de 2019

ISBN: 978-84-17681-27-2

Depósito legal: M-17995-2019

Impreso en España/ Printed in Spain

Si después de leer este libro, lo ha considerado como útil e interesante, le agradeceríamos que hiciera sobre él una **reseña honesta en Amazon** y nos enviara un e-mail a **opiniones@guia-burros.com** para poder, desde la editorial, enviarle **como regalo otro libro de nuestra colección.**

Agradecimientos

Hay muchas personas con las que me gustaría ser agradecido en estos momentos. Unos por una cosa y otras por otras razones. Obviamente me gustaría empezar por mi familia: mi madre, mi hermana Nerea y mi abuela Isabel.

Por otro lado, no quiero dejar pasar este momento sin mencionar a Alberto Moreno, el cual me ha enseñado que hay amigos que son más que hermanos. También quiero citar a Darren Loren-Bull, un compañero intelectual y de vida. David García Cooke por ser amigo silencioso que esta ahí cuando se le necesita.

Mis mejores agradecimientos siempre son para Dios y su revelación en Jesucristo y Espíritu Santo, experiencia sin la cual mis esperanzas no tendrían sentido definitivo.

Así mismo agradecer aquellos que en mi vida siempre fueron maestros leales y con honor.

Por último una mención muy especial para Sunay Martínez Rodríguez.

Sobre el autor

Rubén Baidez Legidos es natural de la ciudad de Almansa, en la Provincia de Albacete (España). Nacido en 1988, ha realizado estudios de Teología en varias instituciones y confesiones cristianas desde la Facultad Internacional de Estudios Teológicos, hasta la Universidad Pontificia de la Compañía de Jesús "Comillas". Esto le dota de una vocación de un sempiterno *theologia studere*, tal y como lo definía F. Schleiermacher. Fue educado en una familia de fe protestante y ha colaborado en varias instituciones, principalmente en la Iglesia anglicana. Sus investigaciones se enfocan principalmente en el ámbito de la teología y su relación con la masonería y su espiritualidad. Es co-autor de la obra *Y las montañas se movieron...* Y la edición de Krause, sus escritos masónicos. Autor del libro *Mormonismo y masonería. La inspiración masónica de Los Santos de los Últimos días*. Coordinó el I Simposio en la Sede la Universidad de Alicante con el tema: "Masonería y protestantismo, relaciones".

Índice

Prólogo

Redactar un prólogo constituye, se crea o no, un enorme desafío. Por lo general es algo que sucede relativamente pocas veces en la vida, salvo que estemos dedicados a tiempo completo a la edición de libros. Pero si además la obra que se ha de prologar es el trabajo de alguien con quien se tienen especiales vínculos afectivos, el desafío es mucho mayor. Es un desafío y al mismo tiempo un privilegio inmerecido, pues implica haber leído previamente (y antes que nadie) el escrito en cuestión y haberlo calibrado, adentrándonos así en el pensamiento, los conocimientos y hasta en los sentimientos del autor. En más de una ocasión se ha dicho, y con grandes dosis de razón, que en cada libro publicado el autor deja una parte de sí mismo, de su propia alma. Lo creemos de verdad. Y si la obra es, además, un ensayo, un trabajo de especialización académica fruto de la investigación, todo ello se potencia *ad infinitum*.

Digámoslo sin ambages: hay ensayos publicados y divulgados en el mercado que ya desde sus primeros párrafos tienen la santa virtud de aburrir a cualquiera que los lea, ya sea un gran interesado en la materia o simplemente (y con mucha mayor probabilidad) un sufrido estudiante obligado a sumergirse en sus capítulos a fin de rendir un examen y obtener la calificación correspondiente. Hay otros, por el contrario, que desde el momento inicial «enganchan» literalmente al potencial lector y le van ofreciendo página tras página información múltiple y variada incluso acerca de aquello que ya conocía, o por expresarnos con mayor propiedad, que creía conocer. Esta segunda clase la constituyen obras redactadas con toda la erudición necesaria, sin duda, pero por encima de todo con auténtica pasión. Y es que, como alguien afirmara en su día con notoria pericia y experiencia vital, sin pasión no se hace nada bueno en la vida. ¿Sabiduría popular? Puede. Preferimos llamarlo «filosofía», pero en el sentido más noble: filosofía de la auténtica, de esa que tiene como maestro inigualable al viejo Sócrates.

Pasión, y grande además, es lo que rezuma este trabajo de Rubén Baidez Legidos. *Et pour cause!*, como dirían nuestros vecinos ultrapirenaicos. Porque lanzarse de cabeza, así, como sin salvavidas, al vasto y proceloso océano de los movimientos protestantes ofreciendo una visión de conjunto de todos ellos a vista de pájaro, pero destacando siempre lo esencial, requiere no solo un gran conocimiento previo, teórico y práctico, acerca del tema, sino un amor especial que impulse al autor a tratar un asunto del cual muy pocos saben mucho y muchos —muchísimos— saben muy poco. Por decirlo en breves palabras, el amor de quien lo ha vivido desde su más tierna infancia y ha hecho de ello, de su difusión, el objetivo primordial de su vida.

El protestantismo, contrariamente a cuanto se pudiera creer, constituye un movimiento complejo que va bastante más allá de las cuestiones puramente religiosas.

Conforma de hecho hoy por hoy todo un mundo de pensamiento, de ideas, de valores, de contradicciones vitales incluso, que tiene representación directa prácticamente en toda nuestra vieja Tierra, rebasando con creces las fronteras de los países considerados esencialmente protestantes tanto en Europa como en América del Norte, y que ha creado —y sigue creando— un tipo muy concreto de sociedad, de cultura, cuya influencia en el resto es innegable. No encontramos, pues, un solo protestantismo, sino muchos, con varias figuras señeras todos ellos, algunas bien conocidas de la historia común, y otras no tanto.

Acierta de lleno Rubén Baidez Legidos al iniciar esta su labor presentando algunos antecedentes medievales de la gran reforma orquestada por Lutero y sus epígonos. Aunque la Reforma propiamente dicha se localiza en el siglo XVI, ya en la llamada Edad Moderna y en pleno Renacimiento (es contemporánea del dorado *cinquecento* italiano), el monje agustino que fue Martín Lutero siguió perteneciendo cultural y mentalmente al mundo medieval, y al igual que él muchos de sus planteamientos, desde los sociopolíticos y económicos hasta los doctrinales propiamente hablando. Cualquier interesado en la cuestión recordará el magnífico trabajo de Ricardo García Villoslada, *Las raíces históricas del luteranismo*, todo un hito en su momento (la primera edición vio la luz en 1969), hoy un clásico e inagotable inspiración de ensayos posteriores. Rubén Baidez Legidos destaca, tanto en el propio Lutero como en sus antecesores Wycleff y Hus, y también más tarde en sus sucesores, lo que será la base del protestantismo: el retorno a las Sagradas Escrituras en sus lenguas originales, muy dentro de la tendencia humanística de la época marcada por el lema *ire ad fontes*, el regreso a las fuentes culturales y espirituales de la Antigüedad clásica y también bíblica, la perpetua búsqueda de las raíces, de la propia identidad, que sufren los períodos históricos convulsos. Así se explica el amor de Lutero por los libros sacros que le mostraron la belleza de Cristo y su mensaje redentor, al igual que su empeño en traducirlos de manera que todo el mundo pudiera comprenderlos. De ahí también las traducciones de la Biblia a otros idiomas que generó el primer protestantismo, fruto de lo cual es en nuestro país la excelente Biblia del Oso, obra del piadoso humanista y monje Casiodoro de Reyna. De alguna manera, en Lutero se delinean los rasgos de ese protestantismo clásico que hasta nuestros días continúa su labor de difusión y de estudio de la Biblia (*sola Scriptura*), que revaloriza la educación y la cultura, al mismo tiempo que busca la unidad de todos los cristianos.

Pero ya lo hemos dicho antes: no hay un solo protestantismo, sino muchos y muy variopintos. A lo largo de las páginas y capítulos de este ensayo encontramos, además del apasionamiento por la Biblia y la plena entrega al Cristo Salvador de un Lutero, la exquisita diplomacia político-religiosa y el ecumenismo sincero de un Melanchton, la —según algunos— fría sistematización doctrinal de un Calvino, la explosiva mezcla de arrebatamiento místico y feroz radicalismo social de un Thomas Müntzer, el pausado equilibrio de un Menno Simons, la impaciencia de un Zwinglio, el tardío despertar misionero impulsado por el pietismo moravo y el metodismo británico del siglo XVIII... *et ainsi de suite*, hasta llegar a las denominaciones más recientes de nuestros días, e incluso a las sectas norteamericanas del siglo XIX, que aún hoy ostentan numerosos seguidores y adherentes, todas ellas con su marcado apocalipticismo, sus presuntos profetas y su inherente y a veces inhumano legalismo. Toda una sucesión de triunfos y derrotas, de alegrías y tristezas, de regocijo y de dolor, y lo peor de todo, de permanentes desencuentros entre los propios grupos surgidos de la Reforma, o mejor dicho, de las constantes reformas de la Reforma. Por desgracia, aquello de la *ecclesia reformata semper reformanda* no siempre ha producido los frutos de armonía y buen entendimiento que hubieran sido de desear. Si el gran adversario de la Reforma es, en principio, la Contrarreforma católica a partir del Concilio de Trento con su aparato represor —algo que la tristemente célebre Inquisición española representaba a la perfección—, muy pronto se evidencia que el protestantismo constituye un edificio peligrosamente resquebrajado desde el primer momento y en el que el enemigo se encuentra sobre todo de puertas adentro.

Es muy de agradecer que esta obra concluya ofreciéndonos una visión de conjunto de algo tan ignorado como el protestantismo español. En primer lugar, porque resulta moralmente imperativo colocar sobre el tapete una realidad que ha pasado desapercibida para muchos de nuestros compatriotas o que tal vez se ha querido ignorar, aunque quizás habría que decir mejor «arrinconar», e incluso «ocultar», como si nunca hubiera existido. Sin tonos reivindicativos ni espíritu revanchista alguno, fluye con total objetividad en este trabajo la constatación de hecho de una segunda Reforma en nuestro país que, silenciada y malograda la primera, la del siglo XVI, se gesta durante el siglo XIX y cuyos frutos continúan en este nuestro siglo XXI. Y en segundo porque, pese a una propaganda tendenciosa que lo había tildado de «antiespañol», «masón» y «extranjerizante» —sobre todo en los primeros años del régimen del general Franco (1936-1975)—, este protestantismo nacional hunde sus raíces en las inquietudes religiosas, culturales, políticas y sociales de quienes, debido a su ideología liberal y sus contactos con la realidad del protestantismo en otras naciones europeas, no dudaron en arriesgar su propia integridad personal para introducirlo en nuestro país. No se trata, por lo tanto, de una mera importación foránea implantada *contra natura* por misioneros extranjeros, sino de un movimiento con raigambre autóctona y, sin duda lo más llamativo, clerical en buen número de casos. Sin desdeñar ni minusvalorar las aportaciones de creyentes protestantes de otros países, que contribuyeron a introducir en la España decimonónica y también más tarde las distintas ramas del protestantismo, desde las denominaciones históricas hasta las sectas, la labor investigadora de Rubén Baidez Legidos despliega ante nuestros ojos nombres señalados como los de Manuel Matamoros, Francisco de Paula Ruet, Juan Bautista Cabrera, Atilano Coco, Francisco Palomares y tantos otros que fueron hijos autóctonos del suelo ibérico y apasionados por el mismo descubrimiento que movió a Lutero y sus predecesores: las Sagradas Escrituras, cimiento indiscutible de la fe cristiana y a cuyo dictamen las más sacras tradiciones eclesiásticas han de someterse. De alguna manera, el protestantismo español, vástago tardío en el tiempo de la gran Reforma del siglo XVI, repetirá en sus comienzos los mismos patrones que aquella: la Biblia en lengua vulgar (no latina) distribuida entre el pueblo llano por sufridos y cuasi-heroicos colportores, apertura de escuelas con métodos educativos revolucionarios para el siglo XIX, dispensarios y, en general, una notable contribución a las mejoras sociales en el sano ejercicio de la más acendrada caridad cristiana.

Aunque no tengan dedicado en este trabajo un capítulo específico *stricto sensu*, el pensamiento de Rubén Baidez Legidos está impregnado de admiración y gratitud hacia las figuras femeninas que, a veces bien conocidas de la historia (la célebre Katherina von Bora, esposa de Martín Lutero; Elizabeth I, la «reina virgen», soberana inglesa; Ann Ekhardt, esposa de Zwinglio; la gaditana decimonónica Margarita Barea, etc.), a veces anónimas, bien en primera línea, bien en la sombra, contribuyeron en su momento a la plena consolidación de las comunidades protestantes, tanto en la Europa de la Edad Moderna o en la América colonial británica como, muy especialmente, en la España contemporánea desde la segunda Reforma, de manera particular en los años difíciles de la dictadura franquista. En ello creemos atisbar el neto sentimiento de amor y agradecimiento filiales de alguien que ha recibido la fe protestante en el hogar y, muy especialmente, de una madre de firmes convicciones y bien arraigados principios. El protestantismo, nacional o foráneo, al igual que el movimiento cristiano en sus orígenes, ha venido marcado por la a veces abnegada y silenciosa piedad de mujeres que siempre han estado ahí, que tal vez no hayan sido recordadas como tales por la ingrata memoria humana, pero cuya influencia es imperecedera. Nada tiene que extrañarnos, pues, que hayan sido las iglesias protestantes históricas pioneras en el reconocimiento y la ordenación ministerial femenina, paso que no siempre ha estado bien comprendido ni calibrado por otras confesiones cristianas, históricas también o más recientes. Y nada nos sorprende, por tanto, que el autor de este trabajo sea miembro, lector seglar y aspirante al sagrado ministerio en una denominación protestante histórica muy concreta, la Comunión Anglicana, que en su vertiente española recibe la designación de Iglesia Española Reformada Episcopal, por sus siglas IERE, y que se enorgullece de las labores ministeriales de mujeres debidamente formadas y ordenadas a lo largo de todo el mundo.

En definitiva, esta obra de Rubén Baidez Legidos invita a ser leída con atención y, sobre todo, convida —nos atreveríamos a decir— a ser saboreada, paladeada incluso, dada la facilidad con que se accede a su texto, libre de innecesarias florituras o recargas excesivamente académicas, pensado para que tanto el gran público como el especialista puedan acceder a su información y disfrutar de ella. Sin que conste en la intención del autor adentrarse en los intrincados caminos del lenguaje poético, este trabajo cumple con creces con aquella máxima del antiguo vate romano Quinto Horacio Flaco: *prodesse et delectare*.

Remedando a los escritos de los grandes reformadores protestantes del siglo XVI, solo podemos concluir con la fórmula SOLI DEO GLORIA.

Rvdo. Juan María Tellería Larrañaga

Presbítero y delegado diocesano para la Educación Teológica

Iglesia Española Reformada Episcopal (IERE, Comunión Anglicana)

El Port de Sagunt (Valencia), 6 de abril de 2019

Al conocedor...

Muy señor mío:

No sin vacilación me resuelvo a sacar a la luz este libro, que no pretende ser ni mucho menos un libro definitivo sobre este tema aquí expuesto. Es un libro de divulgación y acercamiento a los diferentes movimientos de reforma. No pretende ser el que más datos dé, ni el libro que aporte la mayor sistematización de datos sobre esta cuestión. Mi intención básicamente es poner a disposición del público un libro que dé nociones generales sobre este asunto de tal envergadura.

Asumo que quizás no he aportado nada nuevo, pero humildemente me gustaba la idea de poder aportar al panorama teológico una colección de personas y de ideas que fueron impulso de cambio para la Iglesia en sus diferentes momentos históricos.

Seguro que no están todos, y seguramente muchas de las cosas expresadas tienen la impronta de mi subjetividad, pero no te escandalices rápidamente. Seguro que encuentras algo de riqueza en mis postulados. Seguro que muchas cosas son criticables, pero seguro que cualquier crítica es enriquecedora y que uniendo partes de la luz que nos iluminan, alcanzaremos a ver con mayor claridad.

En esta ocasión habla aquel que tendría por qué callar, pero con la valentía o la temeridad de llevar su pensamiento en voz alta a las hojas del papel. Por ello, todo esto debe tomarse como un mero ejercicio de reflexión que incita al lector para poder pensar en todo ello y enriquecer su experiencia creyente, como personal, como vital y si al menos en alguien soy capaz de despertar el interés por cualquiera de estos temas, mi propósito se verá hartamente cumplido.

Mi más cordial saludo,

Rubén B. Legidos.

Al lector...

Mi muy querido amigo:

Gracias de antemano por invitarme a conversar contigo por medio del papel. Seguramente muchas de las ideas que encuentres reflejadas en este libro puedan parecerte aburridas, un poco tediosas o incluso que me he complicado la existencia con asuntos de mayor simplicidad, pero mi intención tras todo ello no es perderte tras algoritmos infinitos y sin sentido, sino presentar cada uno de los argumentos que en mi pensamiento tienen cierto sentido. Siguiendo lo que expresó el filósofo Franz Rosenzweig:

«No quiero presentarme ante ti como un extraño, sino como un viejo conocido. No te traigo nada en absoluto. Míralo como si yo fuera un compañero de colegio que quizá abandonó antes o después que tú nuestra común escuela, la escuela del sano sentido común, por la que ambos hemos pasado una vez durante más o menos tiempo. Lo único que traigo conmigo son unos cuantos viejos recuerdos comunes del colegio. Ambos hemos estado entretanto en otras escuelas, ambos hemos ingresado en la vida. Ahora resulta que vuelvo a encontrarme contigo, y al haber vuelto a mí fresco y vigoroso el recuerdo de aquella primera escuela, y al tener todavía ante mis ojos a los antiguos compañeros de colegio, tal como los conocí entonces, me resulta fácil decirte de tú, mientras tú aún titubeas entre el usted y el tú, deseando en silencio que el otro bien hubiera podido tener algo más de tacto. ¡Oh, no!, ¡Permíteme no tener tacto ninguno! Y esperemos que al final de nuestro encuentro adquiera también para ti nuestra época de colegio transcurrida en común tanta viveza, que también tú vuelvas a conocer a este que, por tanto, te saludó de momento en el umbral».[1]

Que este caminar juntos nos haga estrechar una bonita amistad, como si nos conociéramos y fuéramos viejos amigos.

Sin más, un sincero abrazo,

Rubén B. Legidos.

---

1 Rosenzweig, F. *El libro del sentido común sano y enfermo,* trad. Alejandro del Río Hermann, Ed. Caparrós Editores, España, 2001, p. 11-12.

Introducción

Es un error común y muy extendido creer que la reforma de la Iglesia se dio únicamente el 31 de octubre de 1517.

A lo largo de los veintiún siglos de historia de la Iglesia han existido movimientos y propuestas de protesta y reforma. Un ejemplo de ello sería los frailes mendicantes y el mismísimo movimiento de san Francisco de Asís, los cuales proponían una vuelta de la Iglesia a una idea más evangélica. Esto se debe a que la Iglesia no se ha concebido siempre a sí misma del mismo modo. Incluso en el Nuevo Testamento hay énfasis diferentes.

Lo que hace diferente la reforma de Martín Lutero de otras, fue la repercusión histórico-social y política que tuvo. Lutero no fue el inventor de esa protesta, sino que tuvo antecedentes claros, que influenciaron al mismo reformador alemán.

Incluso dentro de lo que es el ámbito religioso se podría hablar de un tipo de fenomenología de protesta, que busca siempre mejorar por medio de reformar. Esto quizás es la idea que subyace tras el lema adoptado por los protestantes: *Ecclesia reformata semper reformanda est secundum verbum Dei.*[2]

---

2 «Iglesia reformada siempre reformándose»

La Iglesia que tiene ver evidentemente con realidades transcendentes y espirituales, y en ultima instancia con Dios, no queda definida por su carácter asociativo y litúrgico, sino por la comunión de los que conforman esa Iglesia con Dios mismo. Evidentemente, la encarnación en una estructura finita y temporal de lo «transcendente» no es nada ideal. Incluso por su constitución humana, es imperfecta. Es por ello que el grito de protesta ante la realidad eclesiástica se haya manifestado en diferentes y diversos movimientos de reforma.

Muchos son los ejemplos de este fenómeno que podemos encontrar dentro de las diversas religiones. Por ello, podemos afirmar que esto no es solo una peculiaridad del cristianismo, sino que es intrínseco a toda religión establecida. La reforma monoteísta de Akhenatón de la fe politeísta es un ejemplo, así como la reforma del madeízmo en la propuesta de Zoroastro.

La realidad eclesiástica y religiosa parece ser más una utopía, no como algo que no se pudo conseguir, sino como algo que buscamos, una realidad puramente divina en este mundo. Los movimientos de reforma siempre han buscado depurar aquello que no es puramente de Dios y manifestar la verdad de la mejor manera posible. Este espíritu ha impulsado a centenares de hombres a dar su vida, en pro de legarnos una mayor pureza espiritual a todos nosotros.

Antecedentes de la Reforma protestante

Johannes Vuyclevum (John Wiclef)

El pequeño pueblo de Hipswell en Yorkshire, Inglaterra, vio nacer en torno al año 1320 al pequeño John en el seno de una familia numerosa. Poco es lo que se sabe de su vida hasta que apareció en la famosa universidad de Oxford. Allí estudió Teología, y hacia 1370 accedió a la cátedra de Teología en esa misma universidad, desde la que enseñaba acerca de las sentencias de Pedro Lombardo.[3]

---

3 En la Edad Media, era habitual que la tesis doctoral fuera un comentario a estas sentencias de los primeros padres de la Iglesia.

Parece ser que la idea principal de este teólogo era la de realizar un compendio de Teología, el cual dividió en diferentes temas que iba presentando al público en forma de tratados. En sus primeros tratados ya se mostró muy crítico con la realidad eclesial de su tiempo y propuso que la Iglesia debía de abandonar las riquezas y renunciar a sus pretensiones de poder temporal, a favor de centrar su misión en la labor pastoral de las alma de su fieles. Dicho de otro modo, John Wiclef abogaba por una concepto de Iglesia más espiritual, la cual —para él— no era la de estructuras visibles, sino la conformada por los predestinados por Dios para la salvación. Así mismo, incitó de manera constante a la Iglesia a subyugar todo criterio a la Sagrada Escritura.

Es evidente que este pensamiento influyó fuertemente en el propio Martín Lutero.

El 19 de febrero de 1377, el obispo de Londres, Guillermo Courtenay, llamo a Wiclef para hablar acerca de sus propuestas, con el fin de procurar que este se centrara en su labor pastoral y dejará de ser tan crítico con la Iglesia católica. Wiclef no se retracto ni cedió un ápice, lo que le costó que su doctrina fue catalogada de herejía.

Poco tiempo después, el papa Gregorio XI muere y es elegido un nuevo papa en Roma. El rey de Francia no lo aceptó y pidió a la Iglesia que eligiera otro pontífice para la sede de Aviñón. Esto produjo un cisma eclesial y una autentica guerra de poder entre ambos «sucesores de San Pedro».

Uno y otro exigían obediencia a los fieles cristianos, mientras intentaban legitimar su poder. Un papa se acusaba a otro de anatema, se descalificaban y se referían como el Anticristo. Ante esto, Wiclef afirmó que quizás ambos pontífices tenían razón en sus descalificaciones, y que lo mejor era seguir tan solo a Cristo.

Tales manifestaciones le costaron ser de nuevo llamado, pero esta vez por el propio arzobispo de Canterbury, Simon Sudbury, el cual le sancionó por su actitud y le pidió que por el bien de la cristiandad se retractase y tuviera aportaciones en pro de la edificación cristiana.

John Wiclef no solo no cedió ante tal petición, sino que en medio de esta crispación de la política eclesiástica, se propuso a la traducción al inglés de la Biblia desde la Vulgata latina, desafiando así a la mismísima Iglesia. Su labor no llegó a término, debido a que tuvo que suspender su trabajo por verse sorprendido por la enfermedad y posteriormente la muerte, un 31 de diciembre de 1384.

Su vida fue un reflejo de dificultades. Sus ideas no le facilitaron las cosas, sino que lo expusieron a mayores dificultades y aprietos, pero John jamás titubeo de sus creencias, sino por el contrario, se alentó cada día con sus creencias en la doctrina paulina de la gracia (desarrollada magistralmente por San Agustín).

Su predicación fue una llamada constante a la Iglesia a una renovación de su carisma y su forma de ser Iglesia, para acercarse más a la propuesta evangélica de las Sagradas Escrituras. Esto no le granjeó amigos, sino que le costó tener que sobrellevar sobre sus hombre la pesada carga de la acusación papal.

Hasta tal punto llegaron los desencuentros doctrinales, que muerto ya Wiclef, en 1414 en el *Concilio de Constanza* se le declaró de nuevo culpable de herejía y se ordenó la quema de sus libros, así como la exhumación de su cuerpo y la quema de sus huesos.

Jan Huss

Hablar de Juan Huss o Juan de Hussenitz es hablar de un precursor de la reforma protestante.

Pero, ¿quién fue Hus? Jan nació en una pequeña villa de la región de la Bohemia meridional (hoy República Checa), en el seno de una familia de campesinos pobres. Su padre murió siendo él aún un niño, por lo que fue criado con mucho esfuerzo por su madre, la cual le ofreció la mejor educación que permitían las circunstancias, llevándolo a una escuela privada en la provincia de Bohemia. Una vez llegado el momento de ir a la Universidad de Praga, se le aceptó por motivos caritativos. Es decir, no tuvo que pagar sus estudios. Allí obtuvo sus estudios en Teología, recibiendo en el año 1400 el oficio de sacerdote. Al año siguiente obtuvo el cargo de decano de la Facultad de Arte y Filosofía.

Jan Hus escribió una obra denominada *Eclessia*, en la cual proponía un sistema temporal de Iglesia diferente al modelo de la época basado en Iglesia-Estado. La tesis fundamental en su obra era que la cabeza de la Iglesia debía de ser Cristo y no el Papa. Es decir, su propuesta busca ahondar en una comunidad con un mayor énfasis en su dimensión espiritual y más alejada de su concepción terrena. Esta idea le lleva a que ante el cisma papal de la época, con dos papas, se muestre sumamente crítico y comience a denunciar actitudes de la Iglesia católica del momento, como son: la división, la corrupción moral de la Iglesia, los abusos que cometía y la riqueza que estaba acumulando. Evidentemente, las ideas de J. Wiclef le habían influido e impulsado para levantar su voz.

La situación de la Iglesia llevó a Hus a radicalizarse en sus posicionamientos, hasta el punto que llega a negar la dimensión visible de la Iglesia y afirma que la Iglesia es tan solo una realidad invisible, y que la verdadera no son las estructuras eclesiásticas sino sus miembros. Es el momento en el que comienza a predicar contra la Iglesia católica, diciendo que en ella no está Cristo. La piedra de la Iglesia es solo el Señor Jesús y no Pedro (haciendo referencia al papa) y llega a instar a su auditorio a la desobediencia de la Iglesia, debido a que vivía en el pecado, llegando a acusar al papa de Anticristo, lo que le costó la excomunión del cardenal Stefaneschi.

El emperador Segismundo convocó el Concilio de Constanza y Hus solicitó poder asistir, con el fin de defender sus ideas y que se le levantara la excomunión, pero no sin antes, obtener la garantía de un salvoconducto del rey, para si llegaba el caso de que quisieran matarlo, tener una posibilidad de huir. Le fue concedida la garantía y asistió a dicho Concilio. Allí presento sus ideas, pero el público estaba fuertemente influido por las malas opiniones de sus propios compatriotas, las cuales se habían ya encargado de difundir antes de su exposición. Debido a que no se valoró su defensa, Hus tomó la decisión de continuar su ministerio sacerdotal y celebración de misas, sabiéndose absolutamente inocente, aunque sus coetáneos dijeran lo contrario.

Tal acción le llevo a ser detenido. Fue sometido a un juicio eclesiástico, condenado por herejía y degradado del rango sacerdotal. A su vez también fue sometido a un juicio civil donde se le acuso de traición y se le condenó a morir en la hoguera, sentencia que se ejecutó ese mismo día, 6 de julio de 1415. Algunos testimonios afirman que, antes de ser quemado, Hus dijo las siguientes palabras:

«Vas a asar un ganso[4], pero dentro de un siglo te encontrarás con un cisne que no podrás asar».

---

4 *Hus* significa «ganso» en checo.

Pedro Valdo y la Iglesia valdense

La Iglesia valdense fue fundada en el siglo XII a partir del movimiento iniciado por Pedro Valdo, el cual es considerado como uno de los precursores de la Reforma protestante.

Valdo impulsó el movimiento cristiano de los Pobres de Lyon, también conocidos como valdenses, referencia que da nombre a la Iglesia.

Para comprender bien sus ideas debemos referirnos a una experiencia que tuvo en 1173, cuando un íntimo amigo suyo, con quien estaba conversando, murió de repente. Tal suceso le produjo terror y miedo al infierno y por la salvación de su alma. Tras esto, fue a consultar con un sacerdote, que le repitió las palabras de Cristo al joven rico (Mateo 19, 21). Se cree que lo hizo irónicamente, ya que Valdo era uno de los hombres más ricos de la ciudad. Pedro tomó esto literalmente y distribuyó sus bienes en dos fracciones: una parte para los pobres, dando pan, verdura y carne a todo el que acudió a él en momentos en que una hambruna muy grande asolaba a Francia y Alemania, y entregando otra parte a dos eclesiásticos para que tradujesen el Nuevo Testamento del latín a la lengua romance, que entonces se hablaba hasta la frontera suiza. Además envió mensajeros de pueblo en pueblo para que leyeran la Sagrada Escritura a quienes no sabían latín. (Anonymous Chronicle, 1218)[5]

Para poder distribuir estas porciones de la Biblia, Valdo y sus colaboradores utilizaron tácticas de venta especiales para evitar ser denunciados. Un inquisidor los describe viajando de un pueblo a otro y vendiendo mercaderías para lograr entrar en las casas. Explica que ofrecían joyas, anillos, telas, velos y otros adornos. Cuando les preguntaban si tenían otras joyas, contestaban: «Sí, tenemos joyas más preciosas que estas. Si prometen no denunciarnos, se las mostraremos». Y cuando obtenían esa seguridad, proseguían: «Tenemos una piedra preciosa tan brillante que su luz permite ver a Dios, y tan radiante que puede encender el amor de Dios en el corazón del que la posee.

---

5 *Anonymous Chronicle* (1218) «La conversión de Pedro Valdo», en *Lecturas en la historia europea*: 381-383, Ginn, Boston, 1905.

Estamos hablando en lenguaje figurado, pero lo que decimos es la pura verdad». Luego extraían de debajo de su ropa alguna parte de la Biblia, la leían, la explicaban y la vendían a quien la quería.[6]

La teología de Valdo se puede resumir en:

1. Una crítica a todos los estamentos eclesiásticos.
2. Una invitación a todos los laicos a tomar conciencia de su fe y vivirla piadosamente.

Al principio muchos creyeron que Pedro Valdo se conformaría con crear una orden monástica o de frailes predicadores, pero esto no fue así. Dio lugar a una nueva iglesia, que tras la Reforma se adscribió a los principios de la teología calvinista, y es actualmente la Iglesia Reformada de Italia.

---

6 Varetto, Juan Crisóstomo (1938), «Desde los Apóstoles hasta los Valdenses», *La Marcha del Cristianismo* I: 116-130. Junta de Publicaciones de la Convención Evangélica Bautista.

La Biblia en las reformas

La Reforma protestante de Lutero surge en una momento de transformación social y religiosa en la historia de Europa. De las antiguas concepciones escolásticas y de la «racionalización de la fe» se pasa al Humanismo, en la que la sociedad *per se* adquiere un valor inigualable. El Renacimiento es un momento de la historia en el que el ser humano intenta volver a los antiguos clásicos y descubrir al mundo y al hombre. Se consideraba que volviendo la mirada a esos textos antiguos, se podría alcanzar una comprensión de la vida y pensamiento que condujera a una mejora de su mundo. Por esa razón se enfatiza el estudio de textos antiguos.[7] Este volver a los clásicos pudo tener lugar gracias a la invención de la imprenta, la cual puso al alcance de amplios círculos la lectura de la Biblia, de los Santos Padres y de

---

7 SÖRGEL, R. «El inicio de la Reforma», Guía de Estudios SEUT, *Historia del Cristianismo II: Reforma e Ilustración,* Madrid, 2010, p. 19-22.

los autores de la antigüedad pagana.[8] Es un momento histórico de florecimiento de la cultura y literatura. En este siglo incluso se provoca una vuelta al estudio de los textos bíblicos, inspirada en principios humanistas cristianos.[9]

Teniendo en cuenta estos factores podemos entender el determinado deseo del reformador alemán Martín Lutero de poner a disposición de todos sus coetáneos los libros sagrados, sin con ello querer decir que anteriormente a la Reforma no hubiese, por ejemplo, traducciones de la Biblia. De hecho, muchas traducciones de la Biblia se hicieron en la Europa medieval, y algunas de ellas fueron precursoras de la Reforma. Pero lo que sí era nuevo era la idea de desprender del bajel teológico las rémoras multiseculares.[10] Esto, junto a la idea de buscar en los textos más antiguos y en su lengua original (hebreo y griego) la «originalidad»[11] de la Palabra de Dios, fue lo que llevo a Lutero a rehusar reconocer la autenticidad de la que fue durante toda la Edad Media la Biblia de la Iglesia de

---

8 KINDER, E. «Reforma protestante. Historia y motivaciones». [Consultado: 19-08-2015]. Disponible en: http://www.mercaba.org/ConF-T/R/REFORMA%20PROTESTANTE.pdf

9 El Humanismo primitivo se mantuvo, por lo general, fiel a la Iglesia. Proclamó insistentemente que el estudio ferviente de la Biblia es el principio y fundamento supremo −e incluso el único− de toda la reforma de la Iglesia. De este modo podemos hablar de «Humanismo bíblico».

10 SÖRGEL, R. *Ibid*, p. 21.

11 Una característica propia de los humanistas es buscar el origen de las cosas.

Occidente: la *Vulgata Latina*[12] (sin con ello desecharla del todo). La traducción de Lutero fue original[13] en el sentido que no solo no se basó en el texto de la versión latina (trabajando sobre los originales hebreo y griego), sino que además busco una manera de hacerse comprensible a los lectores propios de su época, no con un lenguaje rebuscado, sino más bien sencillo. Esta concepción incluso le llevó a ser acusado de falsificar la palabra de Dios[14]. El método utilizado en la traducción de Lutero fue una traducción que hoy llamaríamos de equivalencia o adecuación, y no una traducción formal como la *Vulgata*. Lutero consideraba que las anteriores traducciones de la Biblia no reflejaban el sentido teológico que deseaba darles, y atendiendo más al sentido que a la letra de los textos, utilizó un lenguaje tan vivo, natural y popular, que cualquier lector le podía entender sin excesivas dificultades.[15] El motivo por el cual Lutero, al igual que otros reformadores, desean hacer llegar la Biblia a todo el pueblo (dando

---

12 La Biblia latina fue el resultado de una revisión emprendida por san Jerónimo, comisionado por el papa español san Dámaso, hacia el año 382. Su tarea fue excepcional, pues su traducción del Antiguo Testamento fue directamente desde textos hebreos premasoréticos y no desde la LXX. Tardó unos veintitrés años en concluir su trabajo, acabándolo en el 405.

13 Original pero no única, debido a que los historiadores han contabilizado hasta catorce traducciones bíblicas del latín al alemán pre-luteranas, por ejemplo la de Johan Mentel (1410-1478).

14 DELISLE, J. Y WOODSWORTH, J. *Los traductores en la historia*, Ed. Grupo de Investigación en traductología, Escuela de Idiomas, Universidad de Antioquia. Colombia, 2005, p. 37-39.

15 Pifarré, L. *Lutero y la Biblia*, Biblioteca Católica Digital. [Consultado: 19-08-2015]. Disponible en: http://www.mercaba.org/FICHAS/arvo.net/lutero_y_la_biblia.htm

lugar a diversas traducciones que después veremos) es como resultado de unas convicciones muy claras frente a la Palabra de Dios. Podemos señalar, tres principalmente, según J. Ruiz Ortiz:

1. La Biblia es la Palabra inspirada por el Espíritu de Dios.
2. El Señor ha preservado su Palabra inspirada a lo largo de todas las épocas.
3. La Biblia, que el Señor inspiró y que ha preservado a lo largo de la historia, es la autoridad suprema y definitiva en la Iglesia cristiana. [16]

Para el reformador, el hacer llegar las Escrituras a todos es vital, pues dan testimonio de la la acción salvífica que dirige Dios a los hombres desde su propia ser divino. Esta acción es Jesucristo en la historia. La acción salvadora sigue actuando por medio de la predicación (o de la Biblia en sí) encarnada en Jesucristo por medio de la acción del Espíritu Santo. Por esta razón, con la Reforma se pretende redescubrir el Evangelio como auténtico corazón de la Iglesia, pues todo debería estar gobernado y dirigido hacia la norma suprema, que es el Evangelio. Una imagen que puede ilustrarlo es lo sucedido del 12 al 14 de octubre de 1528 en Augsburgo, donde Lutero asistió a un juicio frente al cardenal Cayetano donde reafirmó pública y categóricamente su apegó a las escrituras,

---

16 Jorge Ruiz Ortiz. Conferencias de la Sociedad Bíblica Trinitaria sobre el proyecto de revisión de la Biblia Reina-Valera 1909, en Bilbao (8-12-2011). [Consultado: 20-8-2015]. Disponible en: https://westminsterhoy.wordpress.com/2011/12/13/las-traducciones-de-la-biblia-en-la-epoca-de-la-reforma/

y declaró sin temor que la Palabra de Dios estaba por encima del Papa y de los Concilios. Cuando Cayetano le exigió que se retractara, Lutero contestó: «Su santidad el papa abusa de las Escrituras. Yo niego que él esté por encima de la Palabra de Dios». El cardenal explotó y le gritó que no volviera, a menos que fuese para retractarse de lo dicho.

Tres años después, en la famosa Dieta de Worms, compareció ante el emperador y la corte del Imperio; en esa ocasión, en que fue invitado otra vez a retractarse contestó: «No puedo ni quiero retractarme a menos que se me pruebe, por el testimonio de la Escritura o por medio de la razón, que estoy equivocado; no puedo confiar ni en las decisiones de los Concilios ni en las de los papas, porque está bien claro que ellos no solo se han equivocado, sino que se han contradicho entre sí. Mi conciencia está sujeta a la Palabra de Dios y no es honrado ni seguro obrar en contra de mi propia conciencia. ¡Qué Dios me ayude! Amén».

Quedaba claro que para él las Escrituras eran el fundamento de su fe. Con todo esto se puede llegar a entender la idea de *sola Scriptura*.[17]

La reforma religiosa de Lutero tuvo una importancia decisiva en el aspecto pedagógico, porque con ella se plantea por primera vez el problema de la instrucción universal. La religión anterior al «renacimiento-humanista»

---

17 SEGURA, H. «Sola scriptura: primera y gran herencia de Lutero», Desarrollo cristiano. [Consultado: 18-9-2015]. Disponible en: http://www.desarrollocristiano.com/articulo.php?id=639

se centraba demasiado en conceptos muy doctos. Esto la hacía difícilmente capaz de difundirse entre las masas populares y de valer como principio de renovación de la religiosidad. La palabra de Cristo se dirige no solo a los doctos, sino a todos los hombres en cuanto tales, y lo que quiere renovar no es la doctrina, sino la vida. Erasmo había aclarado el concepto fundamental de la Reforma: renovar la conciencia cristiana mediante el retorno a las fuentes del cristianismo.[18] Por ello, los reformadores entendieron que la Biblia debía ser leída y comprendida por todos. Entendieron la necesidad de la enseñanza y la escuela para el mantenimiento de la Iglesia.[19] Desde esta concepción se dan las diferentes traducciones de la Biblia. Desde la idea de intentar hacer accesible la palabra de Dios a todos los seres humanos, desde los textos más antiguos y originales de los que se dispusieran. Algo que ayudó a esto último fue que en 1453 Constantinopla fue tomada por los turcos. Muchos eruditos cristianos huyeron a Europa Occidental, trayendo consigo preciosos y antiguos manuscritos griegos que nunca antes habían sido vistos en Occidente.[20]

---

18 Psicopedagogía 209. «Historia de la pedagogía: educación y pedagogía de la reforma». [Consultada el: 20-8-2015]. Disponible en: http://psicopedagogiaunea209.blogspot.com.es/2011/12/educacion-y-pedagogia-de-la-reforma.html

19 Era necesario que pudieran leer las Escrituras.

20 DOWLEY, T. Guía Portavoz de la Historia de la Biblia, Ed. Portavoz, USA, 2004, p. 24.

Tras Lutero (y sumándose a las premisas que hemos mencionado) muchos fueron los que se vieron motivados y movidos a realizar diferentes traducciones bíblicas en su idioma. Posteriormente a la traducción de la Biblia del reformador alemán y sirviendo de base, se dio la traducción al holandés de Jaacob Van Liesveldt, publicada en el año 1526.

En 1560 se tradujo por ingleses exiliados en Ginebra la conocida como Biblia de Ginebra. Los traductores fueron un grupo de refugiados religiosos que huyeron de la represión y la amenaza de ejecución tras el ascenso de María Tudor al trono de Inglaterra en 1553. La nueva Biblia fue obra de William Whittingham y sus ayudantes.[21] Tras su aparición, el público inglés se lanzó a leerla con avidez. Ofrecía una lectura más fácil que las versiones anteriores y era la primera Biblia inglesa en contar con versículos numerados, sistema que hoy tiene vigencia universal. También incluía titulillos, es decir, palabras clave en la parte superior de cada página, que facilitaban la localización de pasajes. Además, en vez de utilizar gruesos caracteres góticos, inspirados en los manuscritos, empleaba tipos más claros, semejantes a los que suelen usarse en las Biblias inglesas actuales.

Las versiones anteriores, preparadas para leerse sobre un atril en las iglesias, se habían producido en el voluminoso e incómodo tamaño folio. Pero la nueva era la mitad

---

21 Entre los que destaca Juan Knox, Calvino, Coverdale Myles o John Foxe.

de grande, lo que la hacía manejable y adecuada para la lectura y el estudio en privado, además de mucho más económica.

Esta Biblia fue la que llevaron los puritanos y peregrinos al Nuevo Mundo, a pesar de ya disponer de la versión *King's James Bible,* y fue la primera y la que por mucho tiempo se uso allí.[22]

En 1535 otra Biblia se tradujo también en Ginebra —aunque esta vez en francés— por el primo del reformador Juan Calvino, Pierre Robert Olivetan. Fue la Biblia de Ginebra francesa, que sin embargo no se publicaría hasta el 1620.

En España fue un monje exiliado en Inglaterra y Alemania, llamado Casiodoro de Reina, el que tradujo la Biblia al castellano en 1569, la cual se publico en Basilea. Esta tomo el nombre de Biblia del Oso por el dibujo de la portada. Esta edición requirió ser revisada por Cipriano de Valera, otro monje, en 1602. Esto dio como resultado la versión clásica de la Biblia protestante en España, la Reina-Valera.

En 1603, cuando el Rey Jacobo I accedió al trono, existían dos Biblias en uso: la de Ginebra y la de los Obispos. Así, se acordó hacer una versión autorizada, y de este modo en 1611 se publicó la Biblia en la que cincuenta eruditos habían estado trabajando. Durante trescientos años ha sido la Biblia más usada por el mundo protestante de habla inglesa.

---

22 Un dato curioso es que la Biblia de Ginebra es la versión citada cientos de veces por William Shakespeare en sus obras.

Otras traducciones

En Italia se publicó en 1562, pero la Biblia protestante más famosa fue la versión de Giovani Diodati publicada en 1607. La traducción del Nuevo Testamento en portugués fue obra Joao Ferreira D'Almeida en el año 1681, pero no fue hasta el año 1748-1773 cuando apareció la Biblia completa. La Biblia del Rey Christian III en danés es del año 1550. John Elliot ,al llegar a Massachusetts tradujo al idioma de los nativos la Biblia, obra que terminó en 1663, siendo la primera Biblia traducida en Norteamérica.[23]

La Reforma encarnó perfectamente el espíritu del Renacimiento y el Humanismo. Fue una de las respuestas que se dio a ese grito de renovación de la Iglesia, siendo algo incluso positivo para la Iglesia católica, la cual en la Contrarreforma del Concilio de Trento, debido a esa importancia que como hemos visto tuvo la formación en el protestantismo, instauraron unos mayores niveles formativos en su clero, que provocó un mayor conocimiento, buscando un mejor quehacer entre el clero que la componía. Ellos siguieron teniendo la *Vulgata latina*, que se consideró la versión autorizada de la Biblia. La *Vulgata* no pretendía dejar atrás los textos originales, sino que es tan solo la traducción preferida y considerada como auténtica en la lengua oficial de la Iglesia, que es el latín.[24]

---

23 DOWLEY, T. *Ibid*, p. 24-24.
24 QUEVEDO, P. «Preferencia dada a la Vulgata». [Consultada el: 20-8-2015]. Disponible en: http://www.mercaba.org/FICHAS/BIBLIA/preferencia_dada_a_la_biblia_vugatal.htm

Esto no quiere decir que no se usaran traducciones de las diferentes lenguas de cada región, pero lo que era cierto igualmente es que se usaba como texto base la versión Vulgata y debía ser autorizada por el Vaticano.[25]

Tanto Lutero como los demás reformadores entendieron la importancia vital de la Biblia, tanto en la vivencia personal de la fe como en esa vuelta que quisieron dar de la Iglesia hacia el Evangelio. Supieron ver lo primordial de hacer llegar esos documentos de fe a cada uno de los hombres en su propio idioma y lengua, sabiendo conjugar la originalidad del texto antiguo con la actualización del texto para hacer al lector algo comprensible y cercano a su propia realidad. Comprendieron que la Biblia es el testimonio por el cual Dios manifiesta su salvación a los hombres, pero que no es un poder ajeno a la propia razón del ser humano. No es el texto en sí o el lenguaje usado, sino el testimonio de las palabras comprendidas por cada uno de nosotros, conjugado con el poder salvífico del Espíritu Santo lo que hace de ese documento algo de un valor excepcional. La libre interpretación del texto bíblico fue el origen de las reformas. De una reforma nació otra, y luego otra. Es decir, una reforma dio paso a una re-reforma y esta a su vez a la reforma de la re-forma, y así hasta el día de hoy, donde se puede hablar de más de seiscientos tipos de iglesias reformadas o protestantes.

---

25 Si no era de este modo, tal vez podría acaba en la hoguera de la Inquisición.

Martín Lutero

Es mucha la tinta que se ha vertido sobre este tema, y más aún porque recientemente hemos vivido el 500 aniversario de la Reforma. Encontramos investigación sobre Lutero tanto en el ámbito protestante como en el católico.

Son muchas y muy variadas las causas que propiciaron que la Reforma se llevará acabo. Temas que van desde lo social hasta la crisis religiosa, pasando por intereses políticos, etc... Mi buen amigo Alberto Moreno siempre me dice que los alemanes eran protestantes antes de Lutero. En cierto modo, esta idea encierra algo de verdad.

Para esta ocasión resaltaré algunos algunos de los puntos cruciales de su vida, que me parecen fundamentales para entender sus propuestas de reforma.

Martín Lutero, nacido en 1483, era un hombre en cierto grado medieval. Estamos a finales del Medievo y principios del Renacimiento, y en cierto sentido Lutero encarna valores muy conservadores que legitimaron una estructura social de obediencia del pueblo. Esto podemos verlo en su postura en la rebelión de los campesinos contra los nobles, en la que llega afirmar que matar a un campesino es como matar a un demonio. Aunque Lutero es el icono del protestantismo, su vida tiene algunas sombras oscuras que, aunque contextualizadas en un momento histórico, no se pueden obviar. Una de ellas fue su antisemitismo.

Cabe señalar que Martín Lutero nunca quiso apartarse de la Iglesia católica romana, aunque las circunstancias lo empujaron a ello. Quizá falto un diálogo efectivo y voluntad de entendimiento por ambas partes, o quizás hubo demasiados intereses entremezclados (y pocos fueron religiosos). Sea como sea, Lutero acabo encabezando una Iglesia nacional en Alemania, alejada de Roma y con la búsqueda de una nueva expresión de la fe bíblica.

Cuando hablamos de reforma, muchos piensan que la Iglesia protestante rechazó la tradición de la Iglesia en pro de volver a instaurar un modelo de Iglesia idealizado, desprendido del texto de los Hechos de los Apóstoles. Pero la idea que subyace detrás de esta palabra tiene que ver con que la Iglesia católica romana, tras tantos años de tradición, se había desviado del camino de la Verdad, y la Reforma precisamente devolvía a la Iglesia a ese camino. Es decir, la Iglesia reformada no rechaza la tradición anterior a ella, sino que la somete a las Escrituras. Para Martín Lutero el criterio de verdad de la tradición viene regido por una vuelta a la *sola Scriptura*, la cual es la luz y criterio único para dar legitimidad a cualquier tradición.

La reforma propuesta por Lutero, se basó en cinco pilares fundamentales llamados comúnmente las *Cinco Solas*:

— *Solus Christus.*
— *Sola Gratia.*
— *Sola Scriptura.*
— *Sola Fide.*
— *Solo a Dei Gloria.*

Estas cinco ideas son los pilares sobre los que se desarrolla todo protestantismo. Cristo en el centro de la proclamación. La gracia como epicentro fundante de la experiencia de la salvación. La Escritura como única fuente de inspiración del modelo de Iglesia. La fe como única vía de salvación para el hombre, y no las obras. Y el reconocimiento solo de Dios ante todo.

La reforma protestante de Lutero tuvo eco en toda la sociedad alemana y repercusiones económicas. Max Weber apunta que en la fe protestante fue el germen y semilla del capitalismo. Dos ideas refuerzan esta teoría. En primer lugar, el protestantismo permitió en sus territorios el crédito, mientras que la Iglesia católica condenaba la usura. En segundo lugar, el calvinismo entendió que las bendiciones de Dios no eran solo para la otra vida, sino también para esta vida, y que esas bendiciones también se traducen en ciertos bienes materiales.

Algunos apuntes más que me gustaría señalar como datos importantes: Lutero nunca llamo a su Iglesia «protestante». El término era un nombre despectivo con el que designaron a los clérigos alemanes que llegaron a la Dieta de Worms tarde. Llegaron protestando porque ya habían empezado sin ellos, ya que llegaban tres días después del comienzo.

Por otro lado, la fe de Lutero. Siempre se alega a una experiencia que tuvo con la carta a los Romanos. Parece ser que Martín vivía una vida sumida en la culpa, con cierta obsesión por el pecado y terror por el infierno. Por más que procuraba vivir en plena santidad, esto le era imposible. Solo cuando comprendió que la Justicia de Dios no es una justicia de condenación, sino de salvación, su vida cambió. Algunos otros movimientos reformadores acusan a Lutero de no haber llevado la reforma a su máxima expresión, la comunidad lucana de Hechos, y haberse quedado en san Agustín. No olvidemos que Lutero era monje agustino y la fe protestante tiene mucho de la teología de san Agustín de Hipona. Es interesante señalar la orden monástica de Lutero, pues en algunos textos la Iglesia católica afirma que el verdadero problema que tuvo el reformador alemán con las indulgencias tiene que ver con que el papa le concedió la gestión de las mismas a los dominicos y no a su orden.

Según Aranguren, Kant fue el primer protestante genuino desde Lutero, pese a su lastre racionalista; el pensador cuyo designio central era, según su confesión, limitar el saber para dar lugar a la fe. Kant es considerado por J.L.

López como el filósofo protestante por antonomasia. Su «destrucción» de la metafísica aportó —¡por fin!— un serio fundamento a la irracionalista concepción luterana. Es decir, a la negación luterana de la teología natural le corresponde la negación kantiana de la metafísica.[26]

---

26 López Aranguren, J.L. *Catolicismo y protestantismo como formas de existencia.* Ed. Revista de Occidente, Madrid, 1963, p. 63.

51

Felipe Melanchthon

Melanchthon fue coetáneo y amigo de Lutero. Fue tanta la afinidad que hubo entre ambos, que cuando Lutero fue confinado en el castillo de Wartburg, Felipe fue la cara visible del movimiento de reforma religiosa de Alemania.

Fue sumamente importante su intervención en la Dieta de Augsburgo, donde expresó su intención de lograr un entendimiento entre protestantes y católicos, manifestado en los 28 artículos de fe redactados en colaboración con Lutero, de las Confesiones de Augsburgo. El tono de este credo era tan conciliador que sorprendió incluso a los propios católicos.

Felipe compartió muchos puntos de vista de la doctrina protestante, pero a su vez siguió conservando y celebrando la mayoría de las ceremonias católicas. Esto le costó que muchos teólogos luteranos lo rechazaran, hasta el punto que cuando murió, sus últimas palabras fueron una queja por la *rabies theologorum* (la «rabia de los teólogos»), que desde la muerte de Lutero habían librado batalla contra él.

Verdaderamente estamos ante un humanista. Hasta el día de hoy le debemos la palabra «psicología», y es considerado el padre de la educación en Alemania. Las posiciones en la rebelión de los campesinos fueron muy diferentes a las de Lutero.

Su visión teológica nunca fue la de una Iglesia diferente a la católica, y su última oración fue por la unión de las iglesias «en Cristo».

Thomas Müntzer

La figura de Müntzer es sumamente importante para el movimiento conocido como anabaptista, los cuales asentaron las bases de la práctica de rebautizar o bautismo de adultos que existe aún hoy en día en muchas Iglesias evangélicas o bautistas.

Thomas fue al principio un seguidor de Lutero, pero su posicionamiento e interpretación de la rebelión de los campesinos fue muy distinta a la de Martín. Müntzer afirmaba que laicos y campesinos pobres veían con más claridad que los gobernantes desorientados por malos sacerdotes, así que instaba al pueblo a la revolución. Todo ello lo dijo en presencia del Príncipe Elector Juan, de su hijo y de otros nobles y magistrados. Esta predicación se conoce como el Sermón ante los Príncipes.

La idea fundamental que motivo su apoyo a la revuelta social, no debe ser confundido con ideas políticas, sino que creía que impulsando la reforma social se cumplía de la mejor manera el «venga a nosotros tu reino». Por supuesto, Müntzer no se quedo tan sólo motivando a la revolución, sino que él mismo participó.

La revuelta campesina acabó el 15 de mayo de 1525 con aproximadamente 6000 campesinos muertos en la batalla de Frankenhausen, aplastados por el poder de los príncipes.

Müntzer fue capturado y torturado. El miércoles 27 de mayo de 1525 fue decapitado. Su cadáver fue empalado y su cabeza clavada en una estaca a las puertas de Mühlhausen.[27]

27 Williams, George H. *La reforma radical,* Fondo de Cultura Económica, México, 1983, p. 66-104.

Anabaptismo

En este momento pasamos de hablar de un personaje concreto o padre de la Reforma a hablar de un movimiento reformador. Empezaremos hablando de los anabaptistas.

Este término fue el insulto con el que muchos calificaban a este grupo de creyentes, que afirmaban que el bautismo infantil no era válido. Sus ideas se basaban en el ejemplo del bautismo de Jesús por Juan el Bautista. El nombre proviene del griego: *ana-*, «de nuevo», y *baptismo,* «bautismo», y hacía referencia a la acción de rebautizar o bautizar de nuevo a personas que ya fueron bautizadas de niños.

El rechazo al bautismo de infantes no es arbitrario. Su interpretación del bautismo de Jesús era concebido como la máxima expresión de fe. Para ellos, un niño es bautizado en la fe de sus padres, pero no puede manifestar su propia fe. Por esta razón, el bautismo infantil no es válido.

Este tipo de posicionamientos no era nada nuevo en la historia de la Iglesia. Durante siglos, la Iglesia tuvo que hacer frente a diferentes movimientos con este tipo de ideas, las cuales siempre eran proclamadas por grupos de herejes o contrarios a la fe común de la comunidad cristiana.

El punto fundamental en este tema está en el modo de entender el bautismo del mismo Jesús. ¿El bautismo de Juan el Bautista formaba parte de las abluciones de purificación ritual de la fe judía o bien fue una muestra de conversión y nueva fe?

Los posicionamientos teológicos de los anabaptistas, a pesar de tener cierta influencia de la reforma protestante alemana, es radicalmente opuesta en muchas otras ideas. Esto se debe a que intentaron llevar la Reforma a ser una expresión máxima del ideal neotestamentario de los Hechos de los Apóstoles.

El nuevo bautizado dejaba de vivir bajo el pecado y su vida era vivida bajo el impulso del Espíritu Santo. Este nuevo modo de vivir respondía a la Ley de Jesús en el Sermón de la Montaña. Al igual que los judíos recibieron la Ley en el Monte Sinaí, el creyente tiene su nuevo código moral en el nuevo Moisés. La ley judía queda así sustituida por las Bienaventuranzas. El énfasis de la enseñanza de esta Iglesia era que cada cristiano se convirtiera en un seguidor y verdadero discípulo de Cristo, formando parte de la comunidad de hermanos. Los anabaptistas viven el cristianismo de manera radical y recalcan de manera fehaciente las máximas de amar a sus enemigos y la no violencia.

Junto al ya conocido Thomas Müntzer, entre los líderes de este movimiento encontramos al tejedor Nicolás Storch, a Thomas Dreschel y al teólogo Marcos Stübner.

Los luteranos, que seguían practicando (hasta hoy) el bautismo de niños, vieron con cierto receló este movimiento reformador. La tensión fue tal que, precedido por varias predicaciones de ministros luteranos en Münster, los líderes anabaptistas fueron colgados en jaulas en la torre de la iglesia de San Lamberto y asesinados. Los motivos que desencadenaron tal acción fue que ciertos anabaptistas radicales pretendieron llevar las máximas teológicas a un reflejo social y gubernamental en la ciudad. Esto desembocó en ciertas tensiones político-religiosas, que desencadenó con el ajusticiamiento de algunos líderes de este movimiento.

Aunque es cierto que hemos tomado el movimiento como uno solo, la verdad es que este nunca fue un movimiento organizado como tal, sino que estuvo fuertemente fraccionado y sus posicionamientos fueron interpretados con matices diferentes en cada lugar. El anabaptismo, desde sus orígenes —al igual que hemos visto en Thomas Müntzer— tuvo una fuerte conciencia social, bajo el axioma de que no era posible una nueva Iglesia sin que esto se reflejara en mejoras de tipo social.

Mennonitas

La diversidad y desorganización anabaptista encontró en un antiguo sacerdote católico holandés un guía para alcanzar una estructuración. Menno Simons, nacido en 1483, que se había sumado al movimiento, ofreció un nuevo cariz mucho más organizado y sistematizado.

Como hemos dicho, el anabaptismo había llegado a ser muy diverso: desde la rebelión con violencia de Münster, hasta algunos que negaban la fe trinitaria.

Menno organizo el movimiento en torno a la idea pacifista y de no violencia absoluta. Manifestó que la fe anabaptista debía de ser trinitaria y se rechazó toda relación de la Iglesia con el Estado. La vida del creyente debía ser una vida de santidad, por la vivencia del Sermón de la Montaña, y no vivir según este mundo que ha dado la espalda a Dios.

Este movimiento rechaza toda tradición, y tiene su principal fuente de inspiración en la Biblia y en Jesucristo. Tiene ideales de la vivencia de fe comunitaria como Iglesia y de pacifismo absoluto.

La influencia de Menno llegó a ser tan notoria, que sus adversarios comenzaron a llamarles «menistas» o «menonitas», a modo de insulto.

Amish

Este movimiento también nace dentro del anabaptismo. Jakob Ammann, nacido en 1644, que era predicador, empezó exigir mayores niveles de disciplina y santidad a la Iglesia. Entendía que los anabaptistas eran demasiado laxos en su vivencia de la fe cristiana.

Propuso un nuevo modelo de vivir el cristianismo: apartados del mundo y en comunidades que fomentaran un estilo de vida sencillo.

Los seguidores de Ammann pasaron a ser conocidos como los amish.

La vivencia de la fe como amish hace un fuerte énfasis en la humildad (combate y no tolera ninguna forma de orgullo) y la obediencia (entendida como sumisión). Es una forma de vivir la fe auténticamente comunitaria y que está en contra del yo individual. La interpretación bíblica nunca es privada, sino que depende del obispo o pastor, el cual en la comunidad hace a su vez de «mayor» (un tipo de alcalde).

Así mismo, los amish dan un fuerte valor al trabajo y rechazan el ocio, pues la antesala del pecado es el ocio y el trabajo es un modo de vivir en santidad. La oración personal tiene un papel protagonista en sus vidas. También tienen muy incrustadas las creencias en el cielo y el infierno, llegando en algunos extremos a afirmar que los no amish y los que viven fuera de la comunidad irán al infierno.

La comunidad suele ser un grupo conservador, pues en mantener la identidad del mismo radica el éxito para ser una ayuda en la salvación de las personas. En sus formas, códigos y modos de conducta, vestir, etc., lo que buscan es manifestar santidad y alejarse de las influencias mundanas y del diablo. Se entiende la comunidad como una forma más segura y beneficiosa para que cada uno alcance la salvación de su alma.

Jakob Hutter

Jakob Hutter, nacido en 1500, un sombrerero de profesión, fue un predicador anabaptista itinerante. Este ministerio fue compartido con su esposa. Ambos predicaron que no bastaba solo con una comunidad espiritual como Iglesia, sino que los creyentes debían de crear una sociedad de bienes comunes al estilo de los Hechos de los Apóstoles.

Fue perseguido por sus ideas, y aunque intento establecerse en Moravia, finalmente fue muerto por sus ideas.

Es una personalidad importante, debido a que sus ideas influyeron en el movimiento de los Hermanos Huterianos.

Jehan Cauvin (*Calvinus*)

Calvino, junto a Martin Lutero, son los dos referentes de la Reforma protestante. Al menos los mas conocidos y quizás los que mayor impacto e influencia tuvieron. Los dos fueron la antítesis el uno del otro, no solo en su pensamiento, sino en su forma incluso de ser. Mientras Lutero era mucho más anárquico en sus planteamientos, Calvino era muy sistemático en todo el desarrollo de sus ideas.

Si tenemos que resumir el calvinismo en una idea fundamental, esta es la predestinación. Para Calvino, un hombre o mujer predestinado por Dios para la salvación no podían perderse e ir al infierno. El hombre salvo lo será siempre, por la elección pura de la gracia de Dios.

Para Calvino, el hombre se encuentra en un estado de depravación absoluta y total, y si Dios no le salva no puede hacer nada para salvarse. Su concepción antropológica es totalmente negativa. El hombre es malo por naturaleza a causa del pecado.

La salvación por lo tanto depende de la gracia soberana de Dios. En las Confesiones de Dort se expusieron los cinco puntos del calvinismo, donde estas ideas quedan reflejadas del siguiente modo:

1. El hombre es un ser depravado.

2. La salvación de los predestinados por Dios. Unos se condenan y otros se salvan basado solo en la elección y criterios divinos.

3. La muerte de Cristo fue para unos pocos: los elegidos.

4. La gracia para los escogidos es irresistible.

5. Solo los santos y elegidos son los que perduran hasta el final. Aquellos que parecen conversos y abandonan la fe, no eran elegidos.

Calvino también rechazó la dimensión temporal de la Iglesia católica romana y la tradición que no estuviera sometida a las escrituras. Tuvo varias discusiones con Martín Lutero en torno a la naturaleza del sacramento de la Eucaristía. Mientras Lutero rechazaba la transubstanciación católica y teorizaba sobre la consubstanciación, para Calvino la Santa Cena era un símbolo donde participaba el creyente haciendo memoria de su Señor. Estos puntos de desencuentro dieron lugar a que en el Catecismo de Heidelberg, el cual fue escrito en 1563 por Zacharius Ursinus, alumno de Juan Calvino, y Gaspar Oleviano, que lo fue de Felipe Melanchton, reflexionaran sobre esta cuestión desde diferentes puntos de vista.

El calvinismo tiene una visión particular de la prosperidad material, pues alega que es a su vez un síntoma de bendición espiritual. Los escogidos por Dios viven conforme a su Espíritu y Dios los bendice ya en esta vida. Así pues, el trabajo es también parte de esa bendición, pues te ayuda a prosperar.

Calvino creó los tribunales morales, y enseñaba que había que hacer en casa lo mismo que se podría hacer fuera. Algunos afirman que el hecho de que no haya cortinas en gran parte de Europa se debe a tales ideas. El énfasis ético en el calvinismo tiene una fuerte connotación debido a que es inseparable de la salvación. Esto tiene que ver con que aquel hombre cuya salvación ha sido predestinada y su nombre se encuentra de una vez para siempre en el libro de la vida eterna, actúa de modo moral. Es por lo tanto, una señal inequívoca de un hombre con virtudes sociales y personales de salvación.

Por último me gustaría traer a colación el papel que tuvo Calvino en la condena de nuestro compatriota Miguel Servet. Muchos pretenden defender la inocencia o desconocimiento del reformador francés en este asunto. Otros, al contrario, creen que Calvino no solo sí era conocedor, sino que lo consintió. Hoy en día esta polémica sigue sin ser resuelta. Lo triste es que Servet no encontró libertad de pensamiento en un país protestante ni en un país católico.

Zwinglio

Ulrico Zuinglio fue un reformador suizo que llegó a conclusiones similares a las de Lutero simultáneamente en el tiempo. Es decir, sin influencia el uno en el otro. La influencia común de ambos fue Erasmo de Rotterdam. De hecho, muchos han llegado a afirmar que Erasmo fue también un verdadero reformador, lo que ocurre es que su propuesta fue desde dentro de la Iglesia católico romana, y nunca desde fuera.

Es reseñable el hecho de que por medio de un contexto histórico y social parecido, dos personas distanciadas en muchos kilómetros y sin medios para comunicarse hayan llegado a conclusiones similares. Esto quizás nos señala claramente que estamos ante un cambio de época. Pasamos de la Edad Media a una época de Renacimiento, en la que el hombre pasa a ser el epicentro. Estas nuevas ideas humanistas influenciaron fuertemente en las propuestas de reforma de estos grandes personajes. El cambio de paradigma condicionaba la nueva forma de mirar a una Iglesia en crisis interna.

Evidentemente muchos políticos vieron una oportunidad en la Reforma para librarse del poder e influencia de Roma, y a su vez administrar los bienes de la Iglesia. Dicho de otro modo: sacar algún tipo de beneficio económico. El apoyo político a la Reforma en muchas ocasiones estuvo más motivado por intereses económicos que por convicciones propiamente de fe. Evidentemente, los padres reformadores de los que aquí venimos hablando sí eran gente convencida de sus ideas. Tristemente, la materialización de las mismas en muchas ocasiones se dio en «renglones torcidos».

Esta mezcolanza de política y religión era la que se vivía en Suiza en el tiempo de Zuinglio. El gobierno estaba en claro enfrentamiento con el papa y vieron en las ideas propagadas en la primera obra de este nuevo reformador, titulada *Sobre la verdadera y falsa religión* una forma ideal de librarse de la influencia de Roma.

La Iglesia católica intentó evitar que este teólogo siguiera haciendo propagación de sus ideas y se ciñera a la obediencia de la Iglesia, pero Zuinglio estaba demasiado convencido de que:

1. En la Eucaristía no estaba la presencia real de Cristo.
2. La Iglesia se había enriquecido de forma ilícita y debía de volver a su origen: los fines caritativos.
3. El sacerdocio estaba corrompido y se debía suprimir el celibato forzoso del clero.
4. Las tradiciones debían de ser revisadas a tenor de las Escrituras, y cosas tales como las imágenes debían de

ser suprimidas de la misa. Se le atribuye la frase: «volvamos a las fuentes» en clara alusión a las Escrituras como única fuente de autoridad.

El punto más conflictivo que evito una unión total entre los luteranos y los reformados suizos estuvo en la concepción de la eucaristía.

La propuesta reformada de Zuinglio tuvo consecuencias sociales. Incluso llegó a afirmar que «los gobernadores civiles tienen el deber de promulgar y hacer cumplir leyes que lleven a la sociedad a conformarse con la voluntad divina». Esta idea la veremos en algunos filósofos ingleses que defienden el papel del monarca como el que ayuda a la salvación de su pueblo.

Es importante resaltar que en los diferente países no existía la libertad religiosa como nosotros podemos entenderlo. Las naciones eran de la misma religión que era su monarca. Es decir, cada territorio dependía de la fe de su rey. La práctica de otra fe era fuertemente perseguida por los medios establecidos gubernamentalmente. Los católicos perseguían a los protestantes, los protestantes a los católicos y a otras formas de entender la Reforma, etc.

Anglicanismo

Colaboración de *Darren Loren-Bull*

¿Qué es el anglicanismo y la comunión anglicana?

El anglicanismo o Comunión anglicana, llamada también episcopal, es una denominación cristiana que surge tras el movimiento reformista de Inglaterra en el siglo XVI. Aunque el origen de la hoy denominada Comunión anglicana se halla en esta Reforma inglesa, la Comunión anglicana fue creada en 1867, aunando en un principio todas las iglesias nacionales de los países que eran parte de la Commonwealth o lo habían sido. Hoy día la Comunión anglicana comprende a varios países más que no han estado expuestos al colonialismo británico, especialmente en Latinoamérica. En la actualidad la Comunión anglicana es la tercera denominación cristiana en cuanto a número de practicantes se refiere (85 millones de personas distribuidas en 39 provincias eclesiales a lo largo y ancho del mundo).

¿Y que es lo que une a todos estos creyentes? La respuesta, o una de las posibles respuestas es lo que en el anglicanismo se denomina *via media*, y que comprende tres vertientes distintas que conviven dentro de la Comunión anglicana: la rama evangélica, que es común a otras denominaciones cristianas y que basa sus principios en la gracia salvífica de Cristo y la autoridad de la Biblia; la rama liberal, que basa su *modus operandi* en una interpretación más adogmática de las Sagradas Escrituras y cuyo reflejo a nivel social suele encabezar los movimientos más progresistas de la Iglesia; y finalmente la rama anglo-católica, en la cual se enfatizan los elementos más tradicionales heredados del pasado católico romano de la Iglesia de Inglaterra. Esta diversidad es quizás una de las bases más importantes de esta confesión, que permite la convivencia de cristianos progresistas abogando por los derechos de la comunidad LGBTI y la ordenación de sacerdotes homosexuales por una parte, y por otra de cristianos más radicalmente evangélicos y protestantes en su visión de la fe, así como de tradicionalistas anglo-católicos. A pesar de esta diversidad y flexibilidad existen también unos principios unificadores, que son adheridos por todas las provincias de la Comunión anglicana:

— Las Sagradas Escrituras como fundamento esencial: tanto el Antiguo como el Nuevo Testamento son considerados la palabra de Dios y es en las Sagradas Escrituras donde se encuentra la clave de la salvación.
— La Santísima Trinidad: el dogma trinitario es otra base esencial del anglicanismo, algo que comparte con la Iglesia católica romana y las Iglesias ortodoxas. Sin embargo, a diferencia de la Iglesia ortodoxa, por ejemplo, el anglicanismo sostiene en común con la Iglesia católica romana el carácter hipostático de Jesucristo, es decir, que posee dos naturalezas, una divina y una humana.
— La importancia de la Iglesia y de la vida sacramental: el bautismo y la eucaristía han sido directamente instituidos por Jesucristo, y los restantes cinco sacramentos

(confesión, absolución, matrimonio, ordenación y unción de enfermos) son interpretados de diferente manera a lo largo de las distintas provincias de la Comunión anglicana. Es importante resaltar que la eucaristía es también interpretada de manera distinta: el llamado sector liberal o *Low Church* de la Iglesia interpreta la eucaristía de manera simbólica, mientras que el sector anglo-católico o *High Church* sí cree en la transubstanciación.

— Sucesión apostólica: el anglicanismo está fundamentado en la sucesión apostólica. Por cuestiones de tradición histórica, el Arzobispo de Canterbury es considerado *primus inter pares*, pero cada provincia posee total autonomía, en marcada diferencia, por ejemplo, con la Iglesia católica romana, pero en común con la Iglesia ortodoxa.

— *Semper reformanda*: el anglicanismo es receptivo al cambio y busca nuevas maneras de comunicar la buena nueva.

— Los Treinta y Nueve Artículos: estos artículos fueron redactados en 1563 por el arzobispo Thomas Cranmer después de la separación de la Iglesia de Inglaterra, tras la Reforma, y forman la base teológica e histórica del anglicanismo. Los primeros ocho artículos (llamados «artículos católicos») tratan sobre la naturaleza de Dios, el dogma trinitario, la importancia salvífica del bautismo y de las Sagradas Escrituras; los siguientes artículos, del noveno al décimo octavo (que reciben el nombre de «artículos protestantes o reformados», hablan principalmente de la *Sola Fide* o doctrina de la justificación por la fe sola; los artículos del décimo octavo al trigésimo primero (llamados «artículos anglicanos») tratan sobre cuestiones prácticas, litúrgicas, eclesiales y sacramentales. Los artículos restantes tratan diversos asuntos, siendo quizá el más destacable de estos el artículo que explica que el obispo de Roma no tiene jurisdicción alguna en Inglaterra.

— El Libro de la Oración Común: es un compendio de oraciones utilizado por las iglesias integrantes de la Comunión anglicana, que fue revisado por el arzobispo Thomas Cranmer en 1547. Entre muchas otras reformas, el rito latino heredado de la Iglesia católica romana fue traducido a la lengua inglesa.

— El cuadrilátero Chicago-Lambeth es una expresión de la identidad anglicana en cuatro aspectos diferentes considerados esenciales:

  - Las Sagradas Escrituras contienen todos los elementos esenciales para obtener la salvación.
  - El Credo de los Apóstoles y el *Credo de Nicea* son una afirmación suficiente de la fe cristiana.
  - Los dos sacramentos fundamentales de la fe instituidos por Jesucristo son el bautismo y la eucaristía.
  - El episcopado debe ser adaptado acorde a las necesidades locales de cada provincia.

La Conferencia de Lambeth

Se trata de es una conferencia que ocurre cada diez años, que es convocada por el arzobispo de Canterbury y a la que asisten todos los obispos en comunión con la sede de Canterbury. Este encuentro comenzó en 1867 a sugerencia del obispo de Vermont John Henry Hopkins en 1851. A título ilustrativo podemos mencionar cómo en la conferencia de 1930 la Comunión anglicana se confirmó en su total y absoluta oposición al aborto y al sexo fuera del matrimonio, mientras que por ejemplo, en la conferencia de 1998 se reconoció el derecho de cada Iglesia miembro a decidir si quería o no ordenar mujeres al sacerdocio. La Conferencia de Lambeth de 1998 fue motivo de mucha controversia, ya que abordó el tema de la homosexualidad. En esta Conferencia se decidió que la Iglesia debía adoptar un papel receptivo en relación a este tema pero que «la homosexualidad en su práctica es contraria a las Sagradas Escrituras». Esto polarizó a los diferentes sectores de la Comunión anglicana entre conservadores y progresistas. La Conferencia ejemplifica una de las premisas del anglicanismo: *Semper reformanda*.

Breve historia del anglicanismo

El cristianismo empieza a establecerse en las Islas Británicas alrededor del año 67 de nuestra era. El cristianismo en las islas se desarrolla de manera diferente a otros lugares, porque estaba influenciado por el sustrato celta pagano de las islas. Es lo que se ha venido a llamar hoy en día «cristianismo celta», y que no es, por supuesto una confesión cristiana, sino más bien una actitud espiritual cristiana supra-confesional que incorpora una manera distinta de entender la fe más arraigada a la naturaleza, que además se organizó desde sus orígenes en núcleos monásticos y no en diócesis como en el continente. A pesar de que el cristianismo británico era católico romano, muchos monarcas británicos, basándose en la Carta Magna, entendían que Inglaterra y su Iglesia no estaban realmente bajo el control de Roma. En 1531 el rey Enrique VIII se declaró cabeza de la Iglesia de Inglaterra (título que ostenta a día de hoy la reina Isabel II de Inglaterra). La separación de Roma era geográfica mas que teológica, y por supuesto este asunto ha sido simplificado hasta lo indecible. Enrique VIII quería obtener el divorcio y el papa Clemente VII se negó a concederle esta anulación. Enrique VIII fue excomulgado, y aunque fomentó ciertas reformas en muchos aspectos la recién creada Iglesia de Inglaterra estaba muy apegada a sus raíces católicas. Lo cierto es que Enrique VIII no es quizás el mejor ejemplo de monarca anglicano, y fueron muchos los luteranos, católicos y otros quienes perecieron ejecutados por su gobierno. Durante el reinado de su hijo Eduardo VI la Iglesia de Inglaterra se vio mas influida por corrientes teológicas protestantes, aunque durante el subsecuente reinado de María I, apodada «la Sangrienta», la Iglesia volvió brevemente al catolicismo romano hasta el ascenso al trono de la Corona de Inglaterra de Isabel I, quien restauró la Iglesia de Inglaterra dentro de una corriente protestante moderada. Es muy importante la figura del arzobispo Thomas Cranmer (1489-1556), que ocupó su cargo durante el reinado de Enrique VIII, Eduardo VI y María I. Nacido en Nottinghamshire en el seno de una familia modesta pero con título nobiliario, Cranmer estudio Letras en Cambridge y fue considerado por sus contemporáneos como un intelectual de talante humanista.

Fue nombrado arzobispo de Canterbury en 1532, quizás en parte debido a su buena relación con Enrique VIII, que alcanzó tras ayudar al rey conseguir la anulación de su matrimonio con Caterina de Aragón. Durante su cargo Cranmer escribió los Treinta y Nueve Artículos, y además editó y revisó el Libro de la Oración Común. Murió ejecutado en la hoguera durante el reinado de Maria I y su restauración del catolicismo en Inglaterra.

Con la creación del Imperio británico y la expansión colonial de Inglaterra el anglicanismo también se expandió. Los pioneros ingleses plantaron las primeras Iglesias anglicanas en Norteamérica, y tras la guerra de la Independencia los americanos renombraron a sus Iglesias episcopales. La Iglesia anglicana se expandió por África, Asia y Oceanía, y a día de hoy los anglicanos de origen caucásico son la minoría, a consecuencia de la expansión del anglicanismo en el siglo XIX. Esto añade a la diversidad que otorga la vía media, característica de la Comunión anglicana, nuevas puntos de divergencia basados en diferencias culturales y étnicas, pero es gracias a toda esta tensión dialógica como el carácter reformista de la Comunión anglicana se preserva, haciendo del anglicanismo una de las puntas de lanza del cristianismo contemporáneo.[28]

---

28 Bibliografía utilizada en el capítulo:
The Anglican Way: A Guidebook. Thomas McKenzie.
What Anglicans Believe: An Introduction. Sam Wells.
The Book of Common Prayer of the Church of England.

Los puritanos

Colaboración de *Darren Loren-Bull*

El puritanismo es una corriente religiosa surgida en Inglaterra en los siglos XVI y XVII, cuyos miembros querían extender las reformas de la Iglesia de Inglaterra tras su separación de la Iglesia católica romana.

¿En que creían los puritanos? El puritanismo nunca fue una confesión religiosa, sino una corriente ideológica fundamentalista dentro del protestantismo inglés, muy influenciada por el calvinismo. Para los puritanos la Biblia era la base de todo, había sido inspirada directamente por Dios y debía ser entendida literalmente. La teología del Pacto era también una doctrina esencial para el puritano. La salvación estaba ligada al concepto de la doble predestinación: solo unos elegidos seríaan salvos. El concepto de «nacer de nuevo», lejos de ser una idea reciente producto del evangelismo y las corrientes carismáticas contemporáneas, es una noción que nace dentro de los parámetros del puritanismo y se basa en una experiencia de total imposibilidad meritoria de obtener salvación, que lleva a la autorrealización de la *sola fide.*

En el esquema religioso puritano, el sermón es fundamental como la manera en que Dios educa a sus fieles. El bautismo y la eucaristía son los únicos sacramentos importantes, y aunque la mayoría de puritanos practicaban el bautismo infantil, algunos ya eran credo—bautistas. La transubstanciación era rechazada de firme, como es de esperar, pero el concepto de unión sacramental luterano también. Para los puritanos lo que se recibía con la eucaristía era el espíritu de Jesús.

Habían divisiones eclesiológicas entre los puritanos: una facción de puritanos quería una jerarquía de presbíteros y obispos y mantener el Libro de la Oración Común, mientras que otra quería que toda la estructura estuviera basada en una estructura congregacional de «santos visibles» o cristianos nacidos de nuevo, y otra facción buscaba algo intermedio. La familia era el pilar indisoluble de la fe cristiana y la mujer estaba sujeta a la autoridad patriarcal del hombre. Como es fácil de imaginar, una teología tan conservadora e integrista solo podía verse reflejada en una sociedad igualmente cerril e inflexible. Una de las características mas conocidas del puritanismo es la llamada «caza de brujas». Una de las mas infames se dio en 1692 en Salem's Lot (Massachusetts), a manos de Cotton Mathers, donde diecinueve personas fueron acusadas de practicar brujería y ejecutadas, aunque en Inglaterra el tristemente celebre *Witchfinder General* Matthew Hopkins acusó a más de doscientas personas de practicar brujería. Durante los siglos XVI y XVII miles de personas fueron ejecutadas en Nortemérica e Inglaterra por este motivo.

Podríamos acusar a los puritanos de anti-vitalismo. Su escatología milenarista ligada a la segunda llegada de Cristo, unida a su concepción proto-carismática era una constante fuente de profecías. Cuando algún judío se convertía al cristianismo, por ejemplo, esto era interpretado como una señal de que el Apocalipsis se acercaba.

78

En la primera mitad del siglo XVII esta corriente puritana estaba alineada con la incipiente clase comercial burguesa y el parlamentarismo que se oponía al absolutismo monárquico en boga de este periodo. En el Manifiesto Puritano de 1572, los reverendos John Field y Thomas Wilcox demandaron que la pureza del culto anglicano fuera restaurada y que toda practica católica o filocatólica fuese eliminada *ipso facto*. Pedían además estos dos clérigos que la autoridad se basase en la *sola scriptura* y no en el episcopado. La reina Isabel no hizo caso alguno de este manifiesto, encerrando a ambos clérigos. Cuando un segundo documento fue publicado por uno de los líderes de la Iglesia presbiteriana, Thomas Cartwright, este tuvo que emigrar para evitar el presidio.

Con la ascensión al trono de Jaime I y su tolerancia del catolicismo, los puritanos produjeron un segundo manifiesto en 1603 que fue denominado como la Petición Milenaria, en el que pedían que se prohibiese el signo de la cruz, las señales de reverencia ante Cristo, el sacramento de la confirmación, el bautismo realizado por laicos, el anillo nupcial, el uso del sobrepelliz y el solideo, así como la práctica habitual del periodo de dar múltiples cargos eclesiales pagados. Jaime I decidió hacer como Isabel II, tomar partido por la sección episcopal e ignorar las demandas de los puritanos.

De entre todas las sectas llamadas disidentes, es decir que se oponían a la iglesia establecida en Inglaterra pero que no eran necesariamente todas puritanas, los quintomonarquistas eran quizás los más destacados. Esta secta milenarista debía su curioso nombre al hecho de que estaban convencidos de que solo cuatro monarquías precederían a la segunda venida de Cristo: babilonios, persas, macedonios y romanos. Dos miembros de esta secta, Thomas Harrison y John Carew, formaron parte del tribunal que condenó a muerte a Carlos I, y aunque Oliver Cromwell no era miembro de esta secta también fue miembro del tribunal que condenó a muerte al rey en 1649. Cromwell estableció el Protectorado y la Commonwealth, y durante su mandato toleró a todas las sectas protestantes, pero nunca a los católicos.

Tras la Restauración inglesa la Iglesia de Inglaterra retornó a su estatuto anterior a la guerra civil inglesa y a las reformas puritanas. Muchos puritanos decidieron emigrar a Norteamérica y a otras colonias. En 1620 un grupo de puritanos (que se dieron el nombre de «peregrinos») emigró a Nueva Inglaterra en el célebre *Mayflower*. Entre 1630 y 1640 más de 20 000 puritanos emigraron a Nueva Inglaterra, donde chocaron con las Iglesias anglicanas establecidas e impusieron sus valores fundamentalistas. Los puritanos americanos no celebraban la Navidad ni los cumpleaños, y eran intolerantes con otras sectas o ideas religiosas. Es importante no subestimar la importancia que este sustrato puritano ha tenido en el desarrollo de ciertas corrientes protestantes integristas del llamado cinturón bíblico de los Estados Unidos de América que aún existen a día de hoy.

George Wishart

No podemos comprender bien a John Knox sin su maestro George Wishart. La vida de este estuvo muy entremezclada de ideales religiosos y activismo político. Se le acusó en cierto momentos de participar de algunos complots contra autoridades gubernamentales.

Estudió teología y fue ordenado sacerdote, momento en que empezó a predicar y a popularizar las ideas reformadas de Calvino y Zuinglio en Escocia. Tradujo varias obras de estos autores. Puso en peligro su vida denunciando los abusos papales y desarrollo su doctrina basada en los siguientes puntos:

- La confesión no es un sacramento.
- Reconocimiento del sacerdocio universal de todos los creyentes y no solo de unos pocos.
- Rechazo de la idea de la transubstanciación en la eucaristía.
- Afirmación de que la verdadera Iglesia de Cristo era tan solo donde se predicaba la verdad del Evangelio y de las Escrituras.

Estos principios le valieron para ser sometido a juicio. Fue ahorcado y su cuerpo quemado en St Andrews el 1 de marzo de 1546. Todas estas ideas influyeron fuertemente en su discípulo John Knox.

John Knox. La Iglesia presbiteriana.

Como su antecesor, John se vio en vuelto en varias situaciones político-religiosas que le llevaron a exiliarse en Inglaterra. Allí llegó a ser capellán real del ejercito de Eduardo IV. Su presencia en Inglaterra sirvió para colaborar en el Libro de Oración Común, hasta hoy utilizado en toda la comunión anglicana.

A su regreso a Escocia, tuvo la oportunidad de introducir los principios reformados en la Iglesia y organizarla entorno a los mismos. Knox ayudó a escribir la nueva confesión de fe y el orden eclesiástico para la recién creada iglesia reformada, «Kirk».

Colaboró estrechamente con la política de su tiempo en asuntos concernientes a la religión. Junto a otros cinco ministros y a petición del Parlamento escribió la confesión de fe ya citada. A pesar de ello, las relaciones con la reina María no fueron del todo buenas, debido a que Knox la acusaba de ciertas prácticas católicas. Incluso llegó a pedir que la reina fuera ejecutada.

El papel del reformador fue de mucha influencia, pero sus sombras existenciales también fueron motivo de controversia. Por ejemplo, siendo un viudo de cincuenta años se caso con una chica de diecisiete, que era pariente lejana de la reina. Así mismo, también estuvo implicado en algunos asuntos turbios de la política de su tiempo. Algunos afirman que murió en la hoguera en Edimburgo, en el año 1572.

La Iglesia que concibió el padre de la reforma escocesa es de tipo presbiteriano. Estas reciben su nombre de la forma presbiteriana de gobierno de la Iglesia, que se rige por asambleas representativas de ancianos. Esta idea se remonta a la teología de Calvino.

La teología de John Knox y de la Iglesia de Escocia se fundamentaría en los siguientes principios:

1. La soberanía de Dios y rechazo del poder papal y toda la estructura eclesial católica romana.
2. La autoridad de las Escrituras.
3. La necesidad de la gracia mediante la fe en Cristo.
4. Dos sacramentos (bautismo y Santa Cena o eucaristía).

Una expresión de los principios de fe de esta teología reformada se encuentra en la confesión de Fe de Westminster, en la cual se recoge los principios doctrinales de la Iglesia reformada nacidaa en Gran Bretaña, de inspiración calvinista.

George Fox y los *quakers*

A George Fox, nacido en 1624, la iglesia oficial de Inglaterra le parecía demasiado implicada en asuntos políticos. Tanto la Iglesia anglicana como la puritana en su momento, se dedicaron a buscar el poder y no a ser verdaderamente una expresión de fe del cristianismo interior.

Al hablar de G. Fox estamos hablando de un verdadero místico. Una persona con ansias de verdadera espiritualidad. Su vida había sido difícil, y no se contentaba con la ritualidad vacua que manifestaba la Iglesia en Inglaterra.

George tuvo una experiencia espiritual, y desde ese momento comenzó a alejarse de la Iglesia oficial para organizar su fe en torno a esta experiencia espiritual.

Los cuáqueros siguen un modo de búsqueda de Dios y de la luz divina que nos habita.

Fox enseñaba que los creyentes de su tiempo estaban demasiado centrados en los sacramentos externos de la fe, más que en cultivar su vida personal con Cristo. Por ello afirmaba que los sacramentos válidos son los del Espíritu, y no los que se hacen con agua o pan. Para él, lo importante era el bautismo del espíritu y no el que ofrecía el sacerdote o pastor.

Se posicionó en contra de toda estructura eclesiástica y afirmaba el sacerdocio universal de todos los creyentes.

La sociedad de amigos o *quakers* (cuáqueros) recibió ese nombre en honor a que eran verdaderos temerosos de Dios (aunque otros afirman que era porque temblaban como si entraran en éxtasis). Se postuló como una espiritualidad alternativa de búsqueda de Dios, lejos de la liturgia y el formalismo religioso, dando lugar a la voz de Dios, en el silencio interior y exterior de sus reuniones.

Su movimiento es un movimiento de paz y no violencia, cuya intención es traer el Reino de Dios a este mundo por medio del comportamiento moral de los amigos, propuesta que después el mismo León Tolstoi resaltará como muy valiosa. Su fe fue muy criticada también en la guerra de Secesión de Estados Unidos, pues no quisieron participar en ella.

Pietismo

El pietismo fue un movimiento dentro de la Iglesia luterana que tuvo lugar durante el siglo XVII, inspirado en Philipp Jakob Spener.

El movimiento pietista se alejaba del culto organizado y la importancia de la dimensión litúrgica y visible del culto, para centrarse más en una experiencia personal con Dios. Ellos se reunían en casas para estudiar juntos la Biblia, lo que llamaron *collegia pietatis*, y de ahí el nombre de pietistas. La oración en el hogar era más importante que ir a la celebración del culto el domingo.

En este movimiento, la interpretación de las Escrituras ya no pertenecía a un estamento o un oficio de la Iglesia: pastor, diácono o clero. Las Escrituras eran interpretada por todos los creyentes de una manera libre o de manera conjunta en estas pequeñas «células» o comunidades caseras.

Este movimiento influenció mucho a filósofos alemanes, como Lessing o Kant. Así mismo inspiro a nuestro siguiente personaje, Von Zinzendorf, para inspirar el movimiento de los «Hermanos Moravos», grupo de suma importancia para el posterior nacimiento del metodismo de John Wesley.

Nicolaus Ludwig von Zinzendorf

La Iglesia de Moravia es la Iglesia evangélica pre-luterana más vieja de Europa. La Iglesia morava fue formada a base del movimiento Jan Hus en torno al 1415, pero debido a las persecuciones y a que muchos grupos tuvieron que practicar su fe de forma clandestina, el movimiento de los Hermanos Moravos se encontraba extremadamente debilitado.

El conde von Zinzendorf, tras la influencia que tuvieron en él los *collegia pietatis,* trajo una renovación e impulso a la Iglesia Morava.

Llamó a los hermanos a prestar a atención a la fe y encuentro personal con Cristo. A su vez, les animó y les facilitó el poder salir de la clandestinidad, y así poder practicar su fe públicamente. Para ello compró unos campos donde construyó una pequeña población, que dado su fuerte matiz carismático atrajo a mucha gente, dando lugar a que creciera rápidamente.

Von Zinzendorf habló de una experiencia impactante que tuvo con el Espíritu Santo, la cual fue eje y anclaje de toda su teología e inspiración para los Hermanos Moravos. Esta incluía la idea de un Pentecostés personal, que venía acompañado de profecías, curaciones, hablar en otras lenguas (glosolalia), etc.

Las influencias de la Iglesia Morava fueron entre otros: Jan Hus, el pietismo y von Zinzendorf.

Metodismo

Hablar del padre del metodismo, John Wesley, nacido en 1703, es hablar de un hombre de Dios. Se trata de uno de esos hombres que ha inspirado la vida de muchos cristianos y que seguramente lo seguirá haciendo. John fue el impulsor de una autentica revolución en el panorama eclesiástico de su tiempo. Esto le costó el rechazo de la Iglesia en la cual fue ordenado ministro. Un ejemplo de ello fue cuando, después de ser destituido de sus funciones pastorales (a causa de que su predicación causaba «turbación» entre los feligreses de su capilla), pidió en el funeral de su padre poder oficiar la ceremonia, cosa que le fue denegada. Esta prohibición, lejos de desanimarlo, le llevó a que una vez concluido el servicio, subido sobre la tumba de su propio padre, tomara la palabra y proclamase el Evangelio a los cuatro vientos.

Los que lo conocieron de cerca lo describieron como un hombre con una gran piedad, devoción, sacrificio y amor a Dios. También fue considerado un excelente gestor y organizador, y aunque sus predicaciones fueron menos emotivas que las de su compatriota de fatigas y amigo desde las reuniones del Holy Club de Oxford, George Withefield, el reconocimiento por parte de los creyentes coetáneos de su época respecto de su ministerio y don de parte de Dios, fue irremediable. Su vida se pasó entre predicaciones y viajes, en condiciones complicadas. J. Wesley renunció a una vida de comodidad y confort por una vocación inspirada por Dios para su vida. El mensaje de Dios que trastocó su corazón le impulso cada día de su vida a proclamar el Evangelio con gran amor, fuerza y pasión.

Había nacido en el seno de una familia cristiana, y logró conseguir una beca para estudiar en Oxford. Allí se formó un grupo de estudio bíblico. En el periodo en el que muchos ingleses se iban a buscar suerte y a servir como predicadores en los Estados Unidos, viajó junto a su hermano Charlie a América. Durante el viaje el barco pasó por una tormenta y la desesperación fue muy grande, hasta el punto que actuó igual que si no tuviera esperanza y fe. En medio de esta crisis, vio cómo unos hermanos moravos mantenían la paz. Esta experiencia le llevó a reflexionar sobre su propia fe, hasta el punto de preguntarse si realmente era un hijo de Dios.

Durante tiempo estuvo buscando a Dios, hasta que un día —según narra— sintió un fuego divino en su pecho. Desde entonces, su corazón se prendió, y aunque John Wesley murió siendo anglicano, el no reconocimiento de los ministros ordenados por él por parte de la Iglesia de Inglaterra, llevo a que la Iglesia metodista se constituyera como una confesión independiente.

El movimiento metodista se entendía desde sus orígenes como un movimiento renovador de la Iglesia de Inglaterra en el siglo XVIII, para llevarla a un estudio centrado en la Biblia, por medio de un acercamiento metódico a las Escrituras que llevará a la gente a vivir una vida de santidad.

El término metodista no era muy del agrado de John Wesley, pues fue un apodo que se puso al grupo de estudiantes de Oxford que se reunían desde 1729 a 1735 para orar, ayunar con frecuencia, leer la Biblia, visitar a los enfermos, pobres y presos.

Algo que cabe resaltar de la vida de John Wesley era la mala relación conyugal con su esposa. John Wesley, en contra de la opinión de su hermano Charles, tomó en matrimonio a la viuda Vazeille. Los motivos que algunos apuntan por el cual se dio este enlace fueron que:

«Wesley pensaba que ya Molly había sobrepasado la edad de tener hijos, de tal manera que consideró que no se vería atado por la responsabilidad de la paternidad. Era financieramente independiente, así que no tendría que preocuparse por su sostenimiento y podría continuar ayudando a los pobres, y finalmente no era un miembro de la alta sociedad, por lo que no tendría que rendirle cuentas a los entrometidos que podrían haber pensado que se casaba con ella por interés».[29]

---

29 Radiodifusión América. Un matrimonio de diferentes expectativas. Disponible en: https://radioiglesia.com/reflexiones/996-un-matrimonio-de-diferentes-expectativas

Lejos de lo que muchos evangélicos actuales esperan de un gran siervo de Dios, su matrimonio no fue para nada ideal. Tuvo que afrontar muchas complicaciones y contrariedades. Su matrimonio tuvo muchísimas dificultades. Por un lado, la esposa llegó a ridiculizar a Wesley en público y a aliarse con ciertos opositores de este, tal vez buscando quizás llamar la atención de su esposo. Por otro lado, la esposa se quejaba amarga y profundamente de los largos periodos de soledad que pasaba, del abandono constante que sufría por parte de su marido, el cual estaba siempre muy ocupado con asuntos derivados de su ministerio, y el tono cariñoso de las cartas a sus hermanas, que parecía no corresponder con el trato que como esposo le daba a ella. John tuvo que lidiar de forma constante con celos de su esposa. Incluso buscaba en las cartas de su marido pruebas «incriminatorias» de alguna supuesta relación extra conyugal (acusando a su marido de adulterio en alguna ocasión). Esto les llevó a un desgaste de la relación muy profundo, llegando a dormir en camas separadas y a hacer vidas prácticamente separadas en pisos diferentes de la misma casa. La relación parece que se fue deteriorando tanto que alcanzó algunos extremos de violencia. Un testigo en cierta ocasión vio a Molly maltratando a John Wesley, arrastrándolo por el suelo.[30]

---

[30] Incluso una novelista tenía la teoría que el primer esposo de Molly (como se le conocía a la esposa Wesley) se suicidó por el maltrato que sufría por ella. (*Christianity Today*. «John Wesley and Women». Artículo web disponible en: http://www.christianitytoday.com/history/issues/issue-2/john-wesley-and-women.html)

El matrimonio Wesley se separó definitivamente, y en la última carta que J. Wesley le dirigió a su mujer dejaba evidencias del profundo daño que se habían causado ambos:

Tú me has puesto innumerables piedras de tropiezo en el camino [...], aumentaste el número de rebeldes, deístas y ateos y debilitaste las manos de esos que aman y temen al Señor. Si vivieras mil años dos veces, no podrías deshacer todo el daño que has hecho. Y hasta que no trates de hacer todo lo posible para repararlo, te digo adiós.

Tras esto nunca más se vieron, e incluso cuando John fue avisado de la muerte de la que todavía era su esposa, no hizo nada salvo quedarse en casa.

George Whitefield

Si hoy en EEUU es un fenómeno común el de los telepredicadores seguidos por multitudes, podríamos decir que G. Whitefield fue una de las primeras celebridades seguidas por multitudes.

Al igual que su amigo Wesley, fue un ministro anglicano que después apoyo e inspiró el metodismo. Pero llegó un punto de inflexión entre los hermanos Wesley y Whitefield, cuando los Wesley se declararon en contra de la predestinación calvinista, es decir apoyaron la idea arminiana. George era claramente calvinista en este sentido y se alejó del movimiento.

Comenzó a predicar, y sus predicaciones atraían a tanto público y llevaba a la gente a una experiencia personal de fe, que a su movimiento le llamaron «el primer despertar» o «avivamiento». La gente lloraba ante la santidad de Dios. Estas reuniones tuvieron mucha importancia en movimientos posteriores.

Muchos fueron los que conocieron a Cristo gracias a su predicación. Era un hombre elocuente y con un gran poder de atracción de las masas. Hasta el que después sería presidente de los EEUU, Benjamín Franklin, asistió a una de sus reuniones al aire libre de predicación del Evangelio. Le apodaron «el príncipe de los predicadores al aire libre».

Una de las mayores críticas a la que tuvo que hacer frente es que apoyó a un movimiento pro- esclavista y que, a su vez, adquirió esclavos para su obra en el Señor.

El general Booth y su esposa. *The Salvation Army*

William Booth fue primeramente ordenado como pastor metodista, pero en 1865 inició, junto a su esposa Catherine, un movimiento misionero en el East End de Londres, la zona socialmente más deprimida de la ciudad. El gran éxito de su movimiento religioso entre los mas desposeídos empujó sus actividades más allá de los barrios pobres de Londres, hasta transformarlo en el Ejército de Salvación a partir de 1878.

El Ejército fue concebido como un movimiento evangélico denominado Christian Revival Association (Asociación Cristiana de Avivamiento), que agrupó el trabajo voluntario de creyentes procedentes de varias denominaciones protestantes de la ciudad de Londres.

La intención era doble; por una parte, ofrecer ayuda social, y al mismo tiempo predicar el Evangelio de Jesucristo a los más pobres, a los alcohólicos, los criminales, los analfabetos, etc., por lo que la inmensa mayoría de los conversos que tuvieron salieron del alcoholismo, la drogadicción, la prostitución, y de las castas más desechadas de la sociedad. Booth creía que su movimiento podría ser parte de la Iglesia de Inglaterra, pero su rápido crecimiento fue visto con recelo y finalmente se rompieron relaciones.

Booth consideraba que no era necesario instituir los sacramentos del bautismo y la cena del Señor, pues muchos cristianos de su época habían llegado a confiar más en los signos exteriores de la gracia de Dios que en la gracia propiamente dicha.

La misión del Ejército de Salvación, por lo tanto, es entendida en dos vertientes: predicar el Evangelio de Cristo Jesús y tratar de cubrir las necesidades humanas en su nombre, sin discriminación alguna.

Iglesia bautista

Las Iglesias bautistas o baptistas nacen en el seno de la Iglesia anglicana. Los bautistas tiene su origen en un movimiento iniciado por el inglés John Smyth en Amsterdam, el cual, debido a sus creencias puritanas y congregacionalistas, rompió con la Iglesia anglicana en 1606.

Las principales ideas en las que se apoya este movimiento están manifestadas en la Confesión Bautista de Fe de 1689. El contenido de dicha confesión es el siguiente:

— Fe en las Escrituras.
— Fe en Dios y trinitaria.
— Fe en los decretos de Dios.
— En la creación de Dios.
— En la divina Providencia.
— En la caída del hombre, en el pecado y el castigo del mismo.
— La alianza de Dios con el hombre, en la economía de la salvación.
— Cristo como único mediador.
— El hombre es libre.
— Dios le llama.

- Dios le justifica.
- Dios lo adopta como hijo.
- Lo santifica.
- Solo la fe salva.
- El arrepentimiento es necesario para la salvación.
- Las obras no salvan, pero el creyente practica y vive la caridad.
- Los santos perseveran en la fe.
- El creyente tiene la seguridad de la gracia y la salvación.
- Dios puso la ley moral para determinar lo bueno y lo malo.
- Del Evangelio y de la extensión de la gracia del mismo.
- De la libertad cristiana y la libertad de conciencia.
- De la adoración religiosa y el día de reposo.
- De los juramentos y votos legales.
- Del magistrado civil.
- Del matrimonio.
- De la Iglesia.
- De la comunión de los santos.
- Del bautismo y la cena del Señor.
- Del bautismo.
- De la cena del Señor.
- Del estado del hombre después de la muerte y de la resurrección de los muertos.
- Del Juicio Final.

A lo largo de treinta y dos capítulos se van desarrollando las diferentes ideas, que se pueden resumir en las siguientes: el fundamento de la fe en las Sagradas Escrituras y el bautismo como manifestación del compromiso para vivir esa fe en todas las áreas de tu vida. Las Iglesias bautistas son de tradición congregacionalista, es decir, que el poder ejecutivo reside en los miembros legales de la comunidad y no en el pastor.

Algunas de estas Iglesias han negado ser litúrgicas, pero el orden del culto es en esencia otro tipo de liturgia. Las Iglesias bautistas ponen el púlpito en el centro, y no en el lateral como era tradición, para dar primacía y lugar central a la predicación de la Palabra de Dios, lo verdaderamente importante en la celebración cúltica.

Evangélicos

La Iglesia evangélica se suele explicar a partir de una serie de influencias teológicas que llegaron a EEUU, desde el metodismo hasta las predicaciones de George Whitefield, etc. Es como un movimiento de síntesis de muchas posiciones reformadas, tomando lo más destacado de cada una para manifestar y expresar de la mejor manera la fe evangélica. El movimiento ganó gran impulso en los siglos XVIII y XIX, con el primero y segundo gran despertar.

Se caracterizan por su anhelo evangelizador. Suelen seguir el ejemplo de John Wesley y otros, predicando al aire libre. Su lectura de la Biblia suele ser literalista, y entienden que la Palabra de Dios es infalible y que no hay error en ella. Practican el bautismo de adultos y rechazan el de niños, como los anabaptistas. La estructura de la Iglesia es básica y suelen auto-gestionarse, aunque muchas pertenecen algún grupo de Iglesias concreto. La Iglesia se puede organizar de modo congregacional o con la autoridad residiendo en el pastor de manera absoluta o con un consejo de ancianos. Rechazan todo halo de tradición y aspiran a ser Iglesias, no reformadas, sino refundadas desde el relato bíblico de los Hechos de los Apóstoles. Se enfatiza la salvación por la fe y que las obras son solo reflejos de esa fe. Tienen un ferviente espíritu misionero y su valor de la comunidad es muy fuerte.

Pentecostales

El movimiento pentecostal es idéntico al evangélico, pero con un fuerte énfasis en la labor del Espíritu Santo y sus carismas. Tienen su teología propia sobre el bautismo del Espíritu Santo, el cual viene trayendo algunos carismas o dones.

El movimiento se inició a partir de una experiencia similar a Pentecostés en una Iglesia bautista de Norteamérica.

El fracaso en Latinoamérica de la teología de la liberación, ha hecho que mucha gente busque en estos grupos carismáticos una nueva expresión de su fe.

Este movimiento ha derivado en movimientos neopentecostales, manifestados en el «movimiento de Toronto», en el cual las Iglesias buscaban una experiencia espiritual de caídas, sanaciones, visiones, profecías, etc.

Este tipo de señales se entremezcló con teologías de la prosperidad, basadas en el principio que cuanto más das a Dios, más te da Él. Esto produjo que mucha gente diera lo poco que tenía a ciertos predicadores o Iglesias, dañando la fe de algunas personas.

Adventistas

Tanto los adventistas como algunos grupos de evangélicos o protestantes, se pueden sorprender que en este tratado incluyamos a los adventistas del Séptimo Día. Lo cierto es que el grupo de los adventistas nació en el seno de la fe protestante, pues este grupo tiene su origen en el pastor bautista William Miller, nacido en 1782, quien basándose en el estudio de la profecía del Libro de Daniel 8:14, calculó que Jesucristo regresaría entre el 21 de marzo de 1843 y el 21 de marzo de 1844. Más tarde se calculó la fecha en base al calendario ritual judío, en el que el 21 de marzo de 1844 es el 22 de octubre de 1844.

Cuando Jesucristo no apareció, los seguidores de Miller experimentaron lo que se conoce como «el Gran Chasco». Miles de seguidores abandonaron el movimiento. Es entonces cuando gracias a las profecías de una joven llamada Ellen Whrite, un grupo remanente concluyó que Jesucristo no debía aparecer en esa fecha, sino que ese día, el santuario celestial donde Jesucristo oficia como sumo sacerdote comenzaría a ser purificado mediante un juicio investigador.

Ese juicio afecta a quienes han profesado fe en Jesucristo a través de los tiempos, pero no a aquellos que siempre lo rechazaron, para los cuales no es necesario ningún examen de su vida.[31]

Gran parte de la teología adventista corresponde a enseñanzas protestantes comunes, como la autoridad suprema de la Biblia, la Trinidad, y la salvación por medio de la fe en Jesucristo. Sin embargo, presentan importantes creencias distintivas, como la observancia del sábado como día de reposo, la doctrina del juicio investigador y la manifestación del don de profecía en el ministerio de Ellen G. White.[32]

31 Asociación General de los Adventistas del Séptimo Día (1985): «Heraldos del mensaje del segundo advenimiento» (p. 28-31), en *Nuestra herencia* (1ª edición), Asociación Casa Editora Sudamericana, Buenos Aires, 1993.

32 Melton, J. Gordon; Baumann, Martin, eds. (2010). *Religions of the world: a comprehensive encyclopedia of beliefs and practices* (2ª edición), Santa Bárbara, ABC-CLIO, p. 2588.

Testigos de Jehová

Los Testigos de Jehová surgieron a partir de un grupo de cristianos restauracionistas, milenaristas y antitrinitarios pertenecientes al movimiento de estudiantes de la Biblia, el cual había sido organizado por el estadounidense Charles Taze Russell en los años 1870 en el condado de Allegheny, Pensilvania.

Charles Rusell defendía la idea de que la mayoría de las Iglesias, si no todas, se habían alejado de las enseñanzas y prácticas de los cristianos primitivos (del año 100 d. C.), que habían sido reemplazadas por dogmas y doctrinas que se originan en hombres de épocas posteriores (al año 100 d. C.).

Algunas enseñanzas que mantenía Russell eran:

- Que la Biblia realmente es la Palabra de Dios y que es confiable en todo aspecto.
- Que el nombre de Dios debe ser usado y santificado, y que progresivamente lo irían publicando.
- Que la enseñanza de la Trinidad debía ser denunciada como una enseñanza de origen pagano y no bíblico.

- Que no existe un alma inmortal que sobreviva a la muerte del cuerpo y que los muertos se encuentran en un estado inconsciente.
- Que no existe el infierno de fuego.
- Que la vuelta de Cristo es invisible.

Esto llevó a C. Russell a dar varias fechas de la vuelta de Cristo, hasta afirmar que Jesús había regresado a la tierra de manera invisible en 1874.

Las creencias fundamentales que se han desarrollado en la Iglesia de los Testigos de Jehová son:[33]

1. **Dios**. Adoramos al único Dios verdadero, el Altísimo y Creador de todas las cosas. Su nombre es Jehová (Salmo 83:18; Revelación [Apocalipsis] 4:11). Él es el Dios de Abrahám, de Moisés y de Jesús (Éxodo 3:6; 32:11; Juan 20:17).

2. **La Biblia**. Creemos que es el mensaje de Dios para la humanidad (Juan 17:17; 2 Timoteo 3:16). Nuestras creencias se basan en los sesenta y seis libros que contiene, es decir, los que componen el Antiguo y el Nuevo Testamento. El profesor Jason BeDuhn hizo referencia a este hecho cuando escribió que los testigos de Jehová «fundan sus creencias y prácticas en la Biblia, tomándola sin alterar y sin predeterminar lo que debe decir». Aunque aceptamos todo lo que dice la Biblia, no somos fundamentalistas. Es evidente que

---

33 Extraído de la página oficial de los Testigos de Jehová. Es decir, de su fuente original. Disponible en: https://www.jw.org/es/testigos-de-jeho-vá/preguntas-frecuentes/creencias-testigos-jehova/

algunos relatos bíblicos están escritos en lenguaje figurado o simbólico, y por lo tanto no pueden interpretarse de manera literal (Revelación 1:1).

3. **Jesús**. Seguimos las enseñanzas y el ejemplo de Jesucristo, y le damos honra porque es nuestro Salvador y el Hijo de Dios (Mateo 20:28; Hechos 5:31). Eso demuestra que somos cristianos (Hechos 11:26). Sin embargo, la Biblia no enseña que Jesús sea el Dios todopoderoso ni apoya la doctrina de la Trinidad (Juan 14:28).

4. **El Reino de Dios**. Es un gobierno celestial; no es algo que esté en el corazón de los cristianos. Reemplazará a todos los gobiernos humanos y hará realidad lo que Dios siempre ha querido para la Tierra (Daniel 2:44; Mateo 6:9, 10). Esto sucederá muy pronto, pues las profecías de la Biblia indican que vivimos en «los últimos días» (2 Timoteo 3:1-5; Mateo 24:3-14). Jesús es el rey del reino celestial de Dios. Empezó a gobernar en 1914 (Revelación 11:15).

5. **La salvación**. Gracias al sacrificio de Jesús, las personas pueden liberarse del pecado y de la muerte (Mateo 20:28; Hechos 4:12). Para beneficiarse de este sacrificio, deben poner fe en Jesús, cambiar su vida y bautizarse (Mateo 28:19, 20; Juan 3:16; Hechos 3:19, 20). Las acciones demuestran si una persona realmente tiene fe (Santiago 2:24, 26). Sin embargo, la salvación no es algo que se merezca; es algo que solo se consigue gracias a "la bondad inmerecida de Dios" (Gálatas 2:16, 21).

6. **El cielo. Jehová,** Jesucristo y los ángeles fieles viven en la región espiritual (Salmo 103:19-21; Hechos 7:55). Un número relativamente pequeño de personas —un total de 144 000— resucitará en el cielo para gobernar con Jesús en el reino de Dios (Daniel 7:27; 2 Timoteo 2:12; Revelación 5:9, 10; 14:1, 3).

7. **La Tierra.** Dios la creó para que la humanidad viviera allí eternamente (Salmo 104:5; 115:16; Eclesiastés 1:4). Él bendecirá a las personas obedientes con salud perfecta y hará posible que vivan para siempre en un paraíso en la Tierra (Salmo 37:11, 34).

8. **La maldad y el sufrimiento.** La Biblia explica que un ángel se rebeló contra Dios. Entonces empezaron a existir la maldad y el sufrimiento (Juan 8:44). Este ángel, al que después de rebelarse se le conoció como diablo y Satanás, convenció a la primera pareja humana para que se uniera a él. Las consecuencias para sus descendientes fueron desastrosas (Génesis 3:1-6; Romanos 5:12). A fin de resolver las cuestiones morales que Satanás hizo surgir, Dios ha permitido la maldad y el sufrimiento por un tiempo, pero no dejará que continúen existiendo para siempre.

9. **La muerte.** Cuando una persona muere, deja de existir (Salmo 146:4; Eclesiastés 9:5, 10). Los muertos no están sufriendo en ningún infierno de fuego. Miles de millones de personas que han muerto volverán a vivir cuando Dios los resucite (Hechos 24:15). Sin embargo, quienes hayan sido resucitados y no quieran aceptar las normas de Dios serán destruidos para siempre y nunca más podrán volver a vivir

(Revelación 20:14, 15).

10. **Familia.** Tal como Dios lo estableció desde el principio, para nosotros el matrimonio es la unión entre un hombre y una mujer, y la única razón válida para divorciarse es la infidelidad sexual (Mateo 19:4-9). Estamos convencidos de que los consejos de la Biblia son muy sabios y ayudan a las familias a ser felices (Efesios 5:22–6:1).

11. **Nuestra adoración.** No adoramos la cruz ni ninguna imagen (Deuteronomio 4:15-19; 1 Juan 5:21). Algunas características principales de nuestra adoración son:

— Oramos a Dios (Filipenses 4:6).

— Leemos y estudiamos la Biblia (Salmo 1:1-3).

— Meditamos en lo que aprendemos de la Biblia (Salmo 77:12).

— Nos reunimos para orar, estudiar la Biblia, cantar juntos, expresar nuestra fe y animar a otros (Colosenses 3:16; Hebreos 10:23-25).

— Predicamos las «buenas nuevas del reino» (Mateo 24:14).

— Ayudamos a los más necesitados (Santiago 2:14-17).

— Construimos y cuidamos los Salones del Reino y otras instalaciones dedicadas a promover nuestra obra mundial de educación bíblica (Salmo 127:1).

— Participamos en labores de socorro (Hechos 11:27-30).

12. **Nuestra organización**. Estamos organizados en congregaciones. Cada una de ellas es supervisada por un grupo de testigos llamados «ancianos», que no forman una clase clerical ni reciben ningún tipo de salario (Mateo 10:8; 23:8). No damos el diezmo ni hacemos colectas (2 Corintios 9:7). Nuestra obra se financia mediante donaciones voluntarias y anónimas. Un pequeño grupo de cristianos de experiencia, conocido como cuerpo gobernante, dirige la obra de todos los testigos de Jehová desde nuestra sede mundial (Mateo 24:45).

13. **Nuestra unidad**. No importa de dónde seamos, todos tenemos las mismas creencias (1 Corintios 1:10). Nos esforzamos por evitar cualquier tipo de división social, étnica, racial o de clase (Hechos 10:34, 35; Santiago 2:4). Sin embargo, esta unidad no impide que cada testigo tome sus propias decisiones de acuerdo a su conciencia educada por la Biblia (Romanos 14:1-4; Hebreos 5:14).

14. **Nuestra conducta**. Nos esforzamos por mostrar amor sincero en todo lo que hacemos (Juan 13:34, 35). Tratamos de no hacer nada que le desagrade a Dios. Por eso tenemos cuidado de no usar mal la sangre. Eso incluye, por ejemplo, no aceptar transfusiones (Hechos 15:28, 29; Gálatas 5:19-21). Somos personas pacíficas y no participamos en las guerras (Mateo 5:9; Isaías 2:4). Respetamos a los gobiernos y obedecemos sus leyes siempre que estas no estén en contra de las normas de Dios (Mateo 22:21; Hechos 5:29).

15. Nuestra relación con los demás. Jesús dijo: «Tienes que amar a tu prójimo como a ti mismo». Además, indicó que los cristianos «no son parte del mundo» (Mateo 22:39; Juan 17:16). Así que tratamos de hacer el bien a todos, aunque nos mantenemos totalmente neutrales en cuestiones políticas y no tenemos ninguna relación con otras religiones (Gálatas 6:10; 2 Corintios 6:14). Sin embargo, respetamos las decisiones de los demás en estos asuntos (Romanos 14:12).

Mormones

El fundador de la Iglesia de los Santos de los Últimos días fue Josep Smith Jr, el cual —según nos cuentan las fuentes oficiales de la iglesia—[34] siendo un joven de catorce años ya sentía el deseo de encontrar la verdad. Al igual que el resto de su familia, era profundamente religioso y, al llegarle el momento de ser bautizado, José tenía que decidir a cuál de las muchas denominaciones cristianas debía unirse. Tras estudiar mucho, seguía sintiéndose confundido. Posteriormente escribió: «Eran tan grandes la confusión y la contención entre las diferentes denominaciones, que era imposible que una persona tan joven como yo [...] llegase a una determinación precisa sobre quién tenía razón y quién no. En medio de esta guerra de palabras y tumulto de opiniones, a menudo me decía a mí mismo: ¿Qué se puede hacer? ¿Cuál de todos estos grupos tiene razón? ¿O están todos en error? Si uno de ellos es verdadero, ¿cuál es, y cómo podré saberlo? (José Smith-Historia 1:8, 10).

---

34 https://www.mormon.org/spa/jose-smith

José acudió a la Biblia para obtener guía. Allí leyó:

> «Y si alguno de vosotros tiene falta de sabiduría, pídala a Dios, quien da a todos abundantemente y sin reproche, y le será dada» (Santiago 1:5).

Este versículo le impresionó profundamente. Decidió orar sobre lo que debía hacer, simplemente con la fe en que Dios le iba a escuchar y responder.

Como respuesta a una humilde oración, Dios llamó a José Smith para restaurar la Iglesia de Jesucristo. En la primavera de 1820, José acudió a una arboleda cercana a su casa y se arrodilló a orar. Describió así su experiencia: «Vi una columna de luz, más brillante que el sol, directamente arriba de mi cabeza; y esta luz gradualmente descendió hasta descansar sobre mí [...]. Al reposar sobre mí la luz, vi en el aire arriba de mí a dos personajes, cuyo fulgor y gloria no admiten descripción. Uno de ellos me habló, llamándome por mi nombre, y dijo, señalando al otro: "Este es mi Hijo amado: ¡Escúchalo!"» (José Smith-Historia 1:16, 17).

Esta visión del Padre Celestial y de Jesucristo fue el comienzo del llamamiento de José Smith como profeta de Dios. Le dijeron que ninguna de las Iglesias de la tierra tenía la verdad completa. Con el tiempo, José Smith fue escogido para establecer la Iglesia de Cristo y restaurar el sacerdocio o la autoridad para actuar en nombre de Dios. Fue guiado por Dios hasta un registro antiguo y se le concedió el don de traducirlo al inglés. Este registro se llamará el Libro de Mormón. José Smith continuó orando y recibiendo revelación para la Iglesia durante toda su vida. Estas revelaciones se compilaron en un libro de escrituras llamado *Doctrina y Convenios*, que demuestra que Dios sigue guiando a sus hijos en la actualidad. José Smith organizó formalmente la Iglesia de Jesucristo de los Santos de los Últimos Días el 6 de abril de 1830.

Esta iglesia se considera a sí misma como «da única iglesia verdadera y viviente sobre la faz de toda la tierra». Su fe se basa principalmente en la creencia de las enseñanzas de Jesucristo, y de que ellas fueron otorgadas por revelación divina al fundador Joseph Smith. Además de la Biblia, su cuerpo doctrinal se completa con los libros *El Libro de Mormón*, *Doctrina y convenios* y *Perla de gran precio*, todos ellos publicados por Smith y considerados libros sagrados.

Los miembros de esta Iglesia no creen en la Trinidad, aunque sí se consideran cristianos. Afirman que después de la muerte puede haber una nueva oportunidad para los que no han oído el Evangelio, pero en esta vida, por medio de la fe, la obediencia a los mandamientos, el arrepentimiento, el bautismo por inmersión y la confirmación por imposición de manos, se podrá acceder a la vida eterna, la cual es una exaltación personal y familiar a un cielo preparado por Dios, donde poder vivir en familia.

Los miembros de la Iglesia de Jesucristo de los Santos de los Últimos Días creen en un Dios cristiano de cuerpo tangible, que eligió a Jesucristo como su primer hijo antes de la creación del mundo, y a partir de ahí creó al resto de los seres humanos a su imagen y semejanza. Su trono, además, se encontraría cercano a una estrella o planeta denominado Kólob.[35]

35   Cf.   http://wradio.com.mx/programa/2017/07/14/martha_debayle/1500048340_803385.html.
Artículo web: «En qué creen los mormones».

Las misiones y el surgimiento de la Iglesia evangélica. Protestantes en España

Una de las ironías de la historia cristiana es que los protestantes, con su pasión contemporánea por la evangelización, se interesasen tan tarde por las misiones, ya que los esfuerzos misioneros católico-romanos empiezan dos siglos antes. Este fenómeno tiene múltiples causas. Aunque Lutero y Zwinglio eran conscientes de la necesidad de anunciar el Evangelio, tanto por razones doctrinales como histórico-políticas[36] no se ocuparon de la difusión misionera del cristianismo. Las voces reformadoras que se levantaron desde el principio en favor de un esfuerzo específicamente misionero como Bucero, Biliander y Sa-

---

36 Los protestantes de Iglesias nacionales dependían de que el monarca o el gobierno determinaran cuál debía ser la fe en el Estado. Las fronteras de la Iglesia coincidían con las fronteras del Estado, y para algunos no había más de qué hablar. Toda persona dentro de las fronteras nacionales era por defecto un cristiano de ese tipo, sea anglicano, luterano o calvinista. Toda persona fuera de esas fronteras era responsabilidad de otros. De esta manera, la teología política del protestantismo no inspiraba a las misiones. Mientras tanto, los radicales estaban ocupados apartándose del mundo o creando sus propias comunidades milenaristas.

ravia apenas encontraron eco, y las tentativas misioneras emprendidas entonces entre los judíos, los musulmanes, los paganos eslavos, los brasileños y los indonesios no tuvieron resultados duraderos.[37]

Se puede decir que mientras la Iglesia católica romana en el siglo XVI tuvo un sentido de pérdida de cierta hegemonía sobre lo que le había «pertenecido»[38] y se dispuso a avanzar, mientras los protestantes estaban demasiado ocupados en la defensa frente ataques externos[39] y muy debilitados por sus propias «guerra interna»[40].

El resultado fue que el catolicismo disponía de una visión para el mundo (aunque al principio se limitara al mundo occidental), mientras que el protestantismo ado-

---

37 LEUBA, J-L. «Misiones IV. Misiones protestantes». *Gran Enciclopedia Rialp*, 1991. [Consultado 19-VIII-2015]. Disponible: http://www.merca-ba.org/Rialp/M/misiones_iv_misiones_protestante.htm

38 De hecho, en la Contrarreforma del siglo XVI, condujo a una ofensiva para recuperar el terreno perdido, y para ganar al resto del mundo para «da Iglesia verdadera».

39 Hasta 1648 los protestantes habían tenido que presentar continua batalla por sobrevivir, y tan solo con el acuerdo de la Paz de Westfalia se pudo estar seguro de haberlo conseguido. Aun así, no todo estaba ganado. En Francia, por ejemplo, el rey Luis XIV no tardó mucho en revocar dicho acuerdo mediante la promulgación del Edicto de Nantes en 1685.

40 Facciones y partidismos estaban a la orden del día: luteranos estrictos en contra de los filipistas, luteranos contra reformados, calvinistas predestinacionistas contra arminianos, anglicanos contra puritanos e independentistas, etc.

lecía de miras severamente.[41] Cosa que aprovechó el famoso y controvertido polemista católico romano Roberto Bellarmine a finales del siglo XVI, para reprochar a los protestantes su falta de actividad misionera, asociando que la acción misionera era la seña de identidad de una verdadera Iglesia, cosa que por supuesto los protestantes no eran.[42]

Muchos fueron los cambios que experimentó la sociedad de los siglos XVIII y XIX, y que influyeron para que el mundo protestante pudiera salir hacia las misiones. Evidentemente, los nuevos inventos mecánicos, esto es, los nuevos y modernos medios de transporte, desplazamiento y comunicación, vinieron a mostrarse tan favorables para la labor misionera como lo eran para el fomento del comercio. La expansión colonial de Gran Bretaña también influiría, al igual que la Revolución industrial. Pero más allá de todas estas razones, el siglo XIX no habría sido la gran centuria que vino a ser para la expansión misionera de no haberse podido contar con el sólido respaldo de un renovado celo y devoción favorables a tal empresa en el seno de la cristiandad occidental. Esa renovación fue igualmente influenciada por el pietismo que surge a partir del escrito de Phillips J. Spener, quien expuso en su obra *Pia desideria* las ideas de una Iglesia más práctica y no tan encerrada en lo doctrinal. En este movimiento y en la Universidad de Halle (con el profe-

---

41 SÖRGEL, R. «Las misiones cristianas», Guía de Estudios SEUT, Historia del Cristianismo II: Reforma e Ilustración, Madrid, 2010, p. 20.
42 NEIL, A. «Historia de las misiones», p. 121.

sor sucesor de este, A. H. Francke) encontró un impulso para la misionología protestante.[43] Fueron precisamente este tipo de factores los que condujeron a esa genuina renovación de la vitalidad espiritual de las distintas Iglesias. Este insólito sentido de la obligación ineludible de llevar el Evangelio a todas las naciones (cosa que las Iglesias del siglo anterior no habían manifestado) y el deseo de ver predicado el Evangelio en lugares donde su existencia fuera todavía ignorada, dio el resultante de los nuevos movimientos e instituciones misioneras[44] que empezaron a proliferar de inmediato, destacando entre ellas la Sociedad Misionera Bautista (1795), la Sociedad Misionera Londinense (1795), la Sociedad Eclesiástica Misionera (1799), la Sociedad Bíblica Británica y Extranjera (1804) y la Sociedad Misionera Metodista (1813).[45] Al igual que otras anteriores como la fundación de la *Society for Promoting Christian Knowledge* (SPCK)[46] (1700) y la fundación de la *Society for the Propagation of the Gospel in Foreign Parts* (SPG)[47] (1701).

---

43 GONZÁLEZ, J. I. «Historia general de las misiones», Ed. Clie, España, 2010, p. 138.

44 Con la fundación de estas sociedades aparece en la historia de las misiones protestantes un fenómeno que no había existido anteriormente, y en el que se amplía el alcance de esas misiones, no solo en su sentido geográfico, sino también en la amplitud del apoyo financiero.

45 VIDLER, A. *La iglesia en una época de revolución,* Seminario Seut, 2010,

46 (Sociedad para la promoción del conocimiento cristiano).

47 (Sociedad para la propagación del Evangelio en el extranjero). Tanto la SPCK como la SPG fueron fundadas mediante los esfuerzos del Dr. Thomas Bray, rector de Sheldon, Warwickshire.

También cabe destacar que en 1732 se envían misioneros moravos a las Antillas, los cuales fueron los primeros misioneros en ir con el pleno apoyo de una comunidad patrocinadora y los primeros con una idea de «misión mundial». En 1771 se publica el principio de la pu- blicación de los viajes del capitán Cook. En 1787, el Dr. Haweis, capellán de la condesa de Huntingdon, equipó y contrató los pasajes para dos jóvenes de Trevecca College con destino a los mares del sur. En 1792 se produce la fundación de la particular *Baptist Society for Propagating the Gospel among the Heathen.*[48]

A pesar de este tipo de sociedades, el mundo protestante se nutrió en muchas ocasiones de personas emprendedoras que de forma individual y de *motu propio* actúan movidos por ciertas motivaciones (como «sentir» una llamada de Dios). Un ejemplo: en el año 1865, James Hudson Taylor, sin contar con denominación alguna que lo respaldara, dio inicio a un proyecto misionero en el interior de China que llegó a convertirse en el más floreciente y nutrido de todo el país. Otros movimientos autónomos e interdenominacionales, como el Y.M.C.A. y la Y.W.C.A. tuvieron también una génesis rápida y una inmediata repercusión a escala internacional.

Podría hablar de la gran labor social que ejerció el Ejército de Salvación. O de otros nombres propios como John Wesley, padre del movimiento metodista, a partir de su experiencia personal con la fe anglicana o de «*Great*

---

48 (Sociedad bautista particular para la propagación del Evangelio entre los paganos), hoy la *Baptist Missionary Society.*

Awakening» en la América del Norte (que se despertó en general en la religiosidad de los colonos a la par del pietismo europeo), habiendo figuras tan representativas como Jonathan Edwards y George Whitefield.[49]

Fue gracias a esas acciones misioneras que hoy podemos hablar de la Iglesia protestante en España. El pasado de las actuales Iglesias evangélicas de España no se remonta más allá del siglo XIX. La Reforma del XVI tuvo en España sus simpatizantes, sus testigos, incluso sus mártires, pero no llevó a la formación de comunidades eclesiales duraderas.[50]Durante los siglos XVII y XVIII la naciente Reforma española quedó condenada a la más absoluta clandestinidad.[51] A diferencia de otros países latinos — Italia, Francia o Bélgica— el protestantismo español es un movimiento relativamente joven. Apenas se habían consolidado las Iglesias evangélicas cuando su existencia fue sometida a dura prueba bajo la dictadura de Franco (1939-1975). Así pues, les faltaron por mucho tiempo

---

49 GONZÁLEZ, J. I. Ibid. p. 152.

50 En los días del emperador Carlos V hubo teólogos españoles, religiosos y legos, que simpatizaban con el pensamiento de la Reforma. Bajo el régimen de Felipe II, su hijo y sucesor, muchos de ellos entraron en conflicto con la Inquisición. Desde aquel entonces los españoles no podían hacer confesión pública de protestantismo sino en el exilio. Tenemos el testimonio de Juan de Valdés, Francisco de Enzinas y los ex-monjes Casiodoro de Reina, Cipriano de Valera y Antonio del Corro.

51 BLAZQUEZ, M., FERNÁNDEZ, G., y TARQUIS, P. «Una visión panorámica histórica del protestantismo en España desde su raíces hasta la actualidad», *Cuadernos de formación evangélica I. Protestante Digital.* [Consultado 22-VIII-2015]. Disponible en: http://www.elolivo.net/HISTORIA/Resena%20 historico-social%20del%20Protestantismo%20Espanol-Blazquez.pdf

las condiciones para asumir con seriedad, en un proceso de autorreflexión, la confrontación con su pasado.[52] Se podría decir que las misiones protestantes en España comienzan tras el triunfo de la «Gloriosa» (1868) y la apertura que supuso la nueva constitución de 1869, que estableció la libertad de culto. Ya con Fernando VII se incrementó la tolerancia hacia los extranjeros en España y se autoriza la construcción de cementerios civiles para los protestantes. En base a eso, la primera organización protestante española fue la Iglesia Evangélica Española (IEE), que surgió en julio de 1869 en Sevilla. Sin embargo, el historiador Gabino Fernández señala la ciudad de Cádiz y el año 1838 como el lugar y fecha de la primera Iglesia evangélica española que fue fundada Guillermo H. Rule, quien a pesar de ser expulsado de España continuó aconsejando a la Iglesia a través del correo.

Desde su fundación hasta 1939, el protestantismo español fue un movimiento religioso extremadamente limitado numéricamente hablando. A pesar de que toda cuantificación es difícil de hacer, según anota Vilar «los cálculos más verosímiles arrojan la cifra de 7000 miembros comulgantes»,[53] con los simpatizantes unos 10 000, sin incluir niños. En 1870 empieza a trabajar la Unión de Iglesias Evangélicas Bautistas Española (UEBE) y en 1880 se funda la Iglesia Española Reformada Episcopal (IERE), que en un principio formaba parte con la IEE de

---

52 VAN DER GRIJP, K. «Investigando la historia del protestantismo ibérico». Revista Digital Dialnet. [Consultado: 21-VIII-2015]. Disponible en: http://revistas.um.es/analeshc/article/view/56281/54251.

53 Casi todos de nacionalidad española.

la Iglesia cristiana española y más tarde se separaron (una con identidad evangélica, quedando esta última con identidad anglicana). Otras denominaciones más minoritarias fueron la Conferencia Metodista (CM) o la de Asambleas de Hermanos, que trabajó desde 1876. La media por congregación era de cuarenta o cincuenta miembros, y el número de dirigentes tuvo que girar en torno a doscientos pastores y/o maestros de promedio.[54] [55]

El protestantismo español debe su reorganización a las tareas misioneras recibidas desde el extranjero. Merecen ser citados Roberto Chapman, Guillermo Rule y George Alexander, y los españoles Juan Calderón, Francisco de Paula Ruet y Manuel Matamoros. La tarea misionera se ve complementada con el esfuerzo literario, como por ejemplo el trabajo de Luís Usoz y Río, quien aprovechando el apoyo de colaboradores españoles y extranjeros, recupera en varios países de Europa numerosos textos de escritores españoles de los siglos XVI y XVII y los publica en la colección «Reformistas Antiguos Españoles». Dentro de esto cabe mencionar también la función de la Sociedad Bíblica desde 1836, con la llegada de Jorge Borrow[56], que es enviado desde la Sociedad Bíblica Britá-

---

54 Muchos eran ex-clérigos católicos romanos y otros muchos recibieron su educación teológica sobre todo en el extranjero.

55 BASTIAN, J-P. *Los dirigentes protestantes españoles y su vínculo masónico 1868-1939: hacia la elaboración de un corpus.* Ed. Estudio Universidad Marc Bloch de Estrasburgo, 2004. Anales de la Historia Contemporánea, p. 410-415.

56 En los años 1836 a 1840 estuvo en compañía de los gitanos españoles.

nica y Extranjera. La labor de los copoltores es indispensable para la expansión del Evangelio en España.[57] Es en este periodo cuando se fundaron públicamente Iglesias, escuelas, periódicos, editoriales, hospitales, hogares de ancianos y orfanatos. En los colegios evangélicos se instauraron los últimos métodos pedagógicos europeos, abogando por la supresión del axioma de que «la letra con sangre entra» y favoreciendo una enseñanza plural y mixta, al estilo de la Institución Libre de Enseñanza, resaltando la labor del misionero Federico Fliedner[58]y de Alice Gordon Gulick[59] o la acción social de Antonio Carrasco. Podemos decir que en España se efectuó el trabajo misionero poco a poco y en sucesivas fases, que dan como resultado la Iglesia evangélica que conocemos en nuestro país. Algo de lo que somos deudores induda-

---

57 Sociedad Bíblica de España. «¿Quienes somos?». [Consulta el 24-VIII-2015]. Disponible en: http://www.sociedadbiblica.org/quienessomos/quesomos.

58 En cuanto a «El Provenir», el emblemático colegio establecido por Fliedner en Madrid hace ahora un siglo, véase el reciente estudio de VILAR, J.B.: «El 98 y las minorías religiosas. Alemania y el establecimiento de un gran colegio protestante en el Madrid finsecular», Anales de Historia Contemporánea, 14 (1998), p. 205-224.

59 Se trata de un protestantismo que se propaga entre las masas populares, fundamentalmente campesinas, y en los sectores pobres de las ciudades. No apela principalmente a los sectores intelectuales ni a las clases dominantes, aun cuando, en los mejores casos, como en la obra desarrollada por los mencionados, busca abrir brecha en la educación y en la formación de generaciones, creando escuelas.

blemente es de la acción misionera del extranjero.[60] Cabe notar un dato curioso, y es que debido a la influencia sobre todo de Inglaterra[61], muchos pastores de las Iglesias evangélicas en España, así como los misioneros que vienen, estrechan de manera formidable las relaciones y lazos específicos y necesariamente estrechos con la maasonería. Se ha comprobado la numerosa afiliación masónica de los dirigentes protestantes (pastores y maestros) entre el periodo 1868-1939[62] (de hecho, durante la Guerra civil, el franquismo asesinó a algunos pastores por ser masones). Un ejemplo puede ser el de Atilano Coco, que en una carta que escribe su esposa a Miguel de Unamuno (amigo personal del pastor) dice:

D. Miguel:

Soy la esposa del pastor evangélico y le voy a molestar una vez más. Se acusa a mi esposo de masón, y en realidad lo es; lo hicieron en Inglaterra en el año 20 o 21; me dice que consulte Vd. qué es lo que tiene que hacer. Mi esposo, desde luego, no ha hecho política de ninguna clase; le hicieron eso porque ya sabe Vd. que en Inglaterra casi todos los pastores lo son, y muchos también en España; en Inglaterra lo es el Rey y también el jefe

---

60 Queda claro que como resultado de una fervorosa actividad evangelizadora misionera, se van a establecer las diversas Iglesias evangélicas en España. Esta labor múltiple y un poco atomizada va a marcar el carácter del protestantismo de la llamada «segunda Reforma».

61 Las misiones comienzan por Gibraltar y se extienden posteriormente a Andalucía y el resto de España.

62 Cuarenta y tres durante este periodo, para ser exactos.

de las iglesias anglicanas. En España he oído que lo son algunos generales; no sé lo que habrá de verdad en todo esto.[63]

Un dato curioso para terminar es que la mayoría de los protestantes masones pertenecían a la IEE o la IERE. Tan solo uno estuvo afiliado a la UEBE y ninguno a la Asambleas de Hermanos.[64]

63 Protestante Digital. «Exhumarán los restos de Atilano Coco, protestante fusilado en la Guerra Civil» [Consultado: 21-VIII-2015]. Disponible: http://protestantedigital.com/ciudades/23901/Exhumaran_los_restos_de_Atilano_Coco_protestante_fusilado_en_la_Guerra_Civil
64 BASTIAN, J-P. *Ibid.* p. 420.

La forma reformada protestante de hacer teología

La forma del quehacer teológico desde la experiencia cristiana de la Reforma no es diferente al de otras confesiones. Los elementos de base son comunes, pues la única vía para hacer una teología acertada del Dios supremo, del Dios que es el único, es la que viene fundamentalmente acreditada por la demostración del Espíritu y su poder. Es decir, la teología *evangélica*.[65]

Y si bien esto es cierto, el ejercicio de la teología desde las distintas tradiciones confesionales es abordado desde distintos presupuestos o *carismas* que determinan de forma clara el matiz que se le da a cada reflexión confesional, derivando así en conclusiones diferentes en algunos casos de la vivencia *kerygmática*.

Para comprender de una adecuada forma desde dónde parte el quehacer teológico protestante, es necesario referirnos a los padres de la Reforma y a la figura inspiradora de dicho movimiento por antonomasia: el monje agustino de Alemania. Y hablamos bien cuando hablamos de figura inspiradora, pues la Reforma no solo fue

---

65 Barth, K. *Introducción a la teología evangélica*, Ed. Sígueme, Salamanca, 2006, p. 23.

un movimiento que parte de Lutero, ni un solo aconte-cimiento. Fue algo mucho más plural y diverso de lo que *a priori* podríamos pensar. No debemos olvidar que tenía dentro de la Iglesia católica precursores anteriores como Wycliff, Huss, Tomás Moro o Erasmo.

Martín Lutero fue profesor de Sagradas Escrituras en la Universidad Católica de la ciudad de Wittenberg (Ale-mania). Los especialistas distinguen entre el joven hasta 1517 y el segundo Lutero (a partir de 1518), después de su ruptura definitiva con la Iglesia católica. La idea de este monje agustino no fue en un primer momento la de separarse de la Iglesia, sino de reformarla. Su voz no fue la única que pedía una reforma de la misma, sino que muchos clérigos sabían necesaria una liberación dentro de la misma Iglesia,[66] como ya hemos mencionado ante-riormente.

La propuesta del profesor de Wittenberg para llevar aca-bo la reforma de la Iglesia nacía de un cambio de pen-samiento que significaba una revolución copernicana en el marco de la fe cristiana,[67] el cual estaba basado en el siguiente esquema:

- A todas las tradiciones, leyes y autoridades surgidas en el curso de los siglos, Lutero contrapone el primado de la Escritura: «la Escritura sola», *sola scriptura*.

---

66   Londoño, E.J. «La Hermenéutica de Lutero en las Lecciones sobre Romanos», Revista Reflexus, año X, n° 16, 2016/7, p. 239.
67   *Idem.* p. 239.

- A los miles de santos y miles y miles de mediadores oficiales entre Dios y el hombre, Lutero contrapone el primado de Cristo: «Cristo solo», *solus Christus*. Él es el centro de la Escritura y, por consiguiente, punto de orientación para toda la interpretación de la Escritura.

- A todas las prestaciones y esfuerzos religiosos devotos del hombre («obras») ordenados por la Iglesia para conseguir la salvación del alma, Lutero contrapone el primado de la gracia y de la fe: «da gracia sola» *(sola gratia)* del Dios benigno, como se ha mostrado en la cruz y resurrección de Jesucristo, y la fe incondicional *(sola fide)* del hombre en ese Dios y su confianza absoluta.[68]

- A todo este esquema de *solas* habría que sumarle el *soli Deo Gloria*.

Como bien apunta Hans Küng, con la propuesta protestante «el cristianismo pasa de un paradigma católico-romano medieval a un paradigma evangélico de la Reforma».[69] Y este es el verdadero espíritu que animará a todo el quehacer teológico protestante, el de recuperar el espíritu evangélico, teniendo en la base de toda la forma y estructuración de su reflexión este esquema de las *cinco solas*. Estos *axiomas teologúmenos* se ven reflejados en los presupuestos que desarrollaremos a continuación, para entender cuales son las fórmulas desde las cuales se va edificando posteriormente toda la teología reformada en la práctica:

---

68 Küng, H., *Grandes pensadores cristianos,* Ed. Trotta, Madrid, 1995, p. 543-544.

69 Küng, H. p. 531.

— La *sola scriptura:* La Escritura nunca fue el monopolio de la teología reformada, sino que toda reflexión teológica cristiana la tiene en la base. Lo verdaderamente importante es el énfasis protestante por devolver al pueblo cristiano aquellas antiguas y venerables Escrituras en un lengua que pudieran entender. Cabe aclarar en este punto que, al contrario de lo que comúnmente se cree, nadie había prohibido la lectura y el acceso a las Escrituras (a excepción de las versiones realizadas por herejes) para aquellos que deseaban su lectura; el único *handicap* era que estas se encontraban en latín.[70] Lutero hizo un gran esfuerzo por traducir la Biblia al alemán, aunque no fue el primero en hacerlo, pues ya existía la versión de la Biblia *Zainer* (1475). El verdadero mérito de la traducción del reformador alemán fue que supo unificar a la nación alemana mediante una lengua común, que hasta entonces estaba fuertemente separada por los dialectos[71] Según J.E. Londoño, su principal logro fue haber creado una obra que combinara las expresiones idiomáticas del pueblo simple dentro del marco de una amplia literatura. De este modo, la traducción aparece como una gran obra de la cultura alemana, no solo en el ámbito religioso, sino también literario.[72] Según Lohse, retomando las observaciones de S. Raeder y otros especialistas en la Biblia de Lutero,

70 Tellería, J.M. «La fórmula protestante». Revista digital *Lupa protestante*. Artículo de opinión publicado 05·III·2014. Disponible en: www.lupaprotestante.com/blog/la-formula-protestante/ [Consultada 31·X·2017].

71 Lohse, B. *Martin Luther. Leben und Wek,* Beck, München, 1983, p. 123.

72 Londoño, J.E. *Ibid.* p. 240.

el método de Lutero va de la mano de su hermenéutica. Tal metodología puede sintetizarse en tres aspectos: a) libertad de letra y las palabras; b) conexión entre las palabras; c) clara expresión del sentido y objeto de textos.[73]

Sin embargo, como dice J. E. Londoño, hay que detenerse aquí para decir que, en el pensamiento de Lutero, la Palabra de Dios es mucho más que la Biblia, a diferencia de lo que hoy piensan muchos fundamentalistas, amparándose erróneamente en Lutero. Para el reformador, la Palabra de Dios es Dios mismo que se encarnó en Jesucristo. Jesús es la máxima revelación de Dios, y la Biblia es Palabra de Dios porque habla de Jesucristo. El objeto de la fe no radica en la Biblia ni en la Iglesia, sino en el Evangelio, en el mensaje de la Palabra de Dios encarnada.[74]O, como lo expresa Tillich:

Lutero dijo —pero no se engañaba al respecto— que la Biblia es la Palabra de Dios. A pesar de ello, cuando quería explicitar el sentido de sus palabras decía que en la Biblia está la Palabra de Dios, el mensaje de Cristo, su obra de expiación, el perdón de los pecados y el ofrecimiento de la salvación. Deja bien aclarado que lo que está en la Biblia es el mensaje del Evangelio, y por lo tanto la Biblia contiene la Palabra de Dios. También dijo que el mensaje existía antes de la Biblia, en la predicación de

---

73 Londoño, J.E. *Idem.*

74 Londoño, J.E., p. 241.

los apóstoles. Tal como hiciera más tarde, los libros de la Biblia fueron una situación de emergencia: eran necesarios y urgentes. Por lo tanto, lo único importante es el contenido religioso, el mensaje es un objeto de la experiencia. «Sí sé lo que creo, conozco el contenido de las Escrituras, pues no contienen nada fuera de Cristo». El criterio de la verdad apostólica son las Escrituras y la pauta para decidir cuáles son las cosas verdaderas dentro de las Escrituras es si se ocupan de Cristo y su obra —*ob sie Christum treiben*—, si se tratan de, si se concentran en o si apuntan hacia Cristo. Solo aquellos libros de la Biblia que se ocupan de Cristo y su obra contienen poderosa y espiritualmente la Palabra de Dios.[75]

Si por un lado la importancia de la *sola scriptura* tiene la caracterización explicada con anterioridad, el principal objetivo de Lutero al traducir la Biblia al alemán fue permitir que la gracia de Dios viniera a través de su palabra.[76] Esto enlaza con la otra función de esta *sola*, que es la de devolver la autoridad a las Sagradas Escrituras por encima de tradiciones, leyes, concilios y opiniones al quehacer teológico. Esta búsqueda de autoridad en las Escrituras significaba rebelarse ante la tradición y su ámbito de poder. Significa desafiar lo heredado para ponerse, desde la subjetividad individual, frente la Palabra de Dios, para serle obediente desde convicciones perso-

---

75   Tillich, P. *Pensamiento cristiano y cultura en occidente. De los orígenes a la Reforma,* Ed. La Aurora, Buenos Aires, 1976, p. 257.

76   Lohse, B. *Ibid.* p. 124.

nales.[77] Es decir, con la Reforma se pretendió, usando la figura metafórica freudiana, «matar al padre», tal vez sin ser completamente conscientes del alto precio que habría que pagar por ello. Esta posición protestante lleva muchas veces al individuo a cierta individuación (pues es responsable ya de su propia vida ante Dios, a la luz de su conocimiento de las Escrituras y no existen mediadores para él, sino que cada creyente se convierte en su propio sacerdote ante Dios) y a los teólogos con clara vocación teológica a cierto aislamiento, no solo con respecto a lo denominado como «el mundo», sino también con respecto a la Iglesia.[78] En palabras del propio Barth:

Con harta frecuencia el teólogo experimentará visibles pruebas o justificaciones de sus sentimientos [de soledad], que radican únicamente en su propia vocación.[...] Incluso dentro de la comunidad y, lo peor de todo, entre no pocos de sus colegas en la teología, el teólogo parece hallarse solo y seguir estando solo. [...] Desde luego, el teólogo no podrá contar con el apoyo de esas personas. *Intra et extra muros ecclesiae* buscará con harta frecuencia compañeros que estén llenos también de admiración, que se sientan afectados [por la teología] y comprometidos. En vez de encontrar apoyo, recibirá a menudo la penosa impresión de que innumerables cristianos y no cristianos se distancian de manera más o menos descarada de la conmoción que le hace a uno ser teólogo.[79]

---

77   Londoño, J.E. *Ibid*. p. 241.

78   Barth, K. *Ibid*. p. 134.

79   Barth, K. *Ibid*. p.. 140-41.

— *El método*: De la premisa anterior se deriva un cierto método de acercamiento a las escrituras, basado en la tradición misma de los padres de la Reforma. Para detallarlo mejor debemos comprender cómo en la época de Lutero se trabajaba hermenéuticamente con el texto bíblico. El acercamiento a las Escrituras se hacía desde cuatro dimensiones de sentido: (a) literal o histórico; (b) alegórico o tipológico (con énfasis en la cristología); (c) moral o tropológico; y (d) anagógico o místico.[80] El gran problema que veía Lutero en la interpretación alegórica era que dependía en gran medida de la subjetividad de los intérpretes, sin controles adecuados. El reformador alemán comienza a distanciarse de la exégesis medieval espiritualista hacia un *sensus literalis* (sentido literal) de la Escritura. Para él, no es necesario tener acceso a sistemas y técnicas difíciles, pues la Escritura es su propia intérprete. Polemiza contra la interpretación alegórica y apela al sentido natural e histórico de la Biblia. Para él, el segundo, tercer y cuarto sentidos solo pueden provenir del primer sentido, el literal.[81] Esto ha llevado a la teología protestante a desarrollar toda una ciencia textual que le permitiera establecer cuáles son los documentos o manuscritos más fiables, más ajustados a los autógrafos originales, y cómo se fueron elaborando con el paso de los siglos. De ahí que una de las mayores aportaciones del protestantismo al

---

80 Zabatiero, J., Sanchéz, S., Filho, J.A. *Para uma hermenêutica bíblica,* Fonte Editorial, São Paulo, 2012, p. 29.
81 Londoño, J.E. *Ibid.* p. 249.

pensamiento cristiano general haya sido la génesis y el progreso del método histórico-crítico (no sólo histórico-gramatical) aplicado a las Escrituras, sistema de trabajo que tiene sus raíces y sus precursores, no en la ilustración del siglo XVIII, como algunos apuntan, sino en la misma Reforma, y de forma muy concreta en figuras tan señeras como Calvino y Zwinglio, que fueron para su época y su momento exégetas de talla cuyos trabajos aún en nuestros días han de ser tenidos en cuenta.[82] Por ejemplo, las notas de las lecciones de Lutero[83] cuando era profesor en la universidad de Wittemberg reflejan su metodología de trabajo: una exposición por parte del profesor, en la que aclara las palabras y el sentido de los textos bíblicos, con preguntas de los estudiantes. Esta es una exposición exegética, frase por frase, palabra por palabra, de las cartas paulinas.[84]

Esta forma de acercarse a la teología, dio también un nuevo *status* a la teología mística dentro del quehacer teológico protestante. Lutero se ocupó de la misma y en su

---

82 J.M. Tellería. *Ibid.*

83 Pero Lutero no partió de cero, sino que sacó provecho de los conocimientos producidos en el mundo católico de su época y por la tradición cristiana occidental. Como señala Schilling, el monje agustino acudió a las nuevas ayudas pedagógicas de la filología humanista, como la edición del Nuevo Testamento en griego realizado por Erasmo y la traducción paralela al latín de San Jerónimo. Además de esto, se valía de los comentarios e interpretaciones de los Padres de la Iglesia y de los escolásticos, pero no de una manera autoritativa, sino con cierta distancia. Londoño, J.E. *Ibid.*, p. 249.

84 Londoño, J.E. *Ibid.* p. 249.

primera etapa simpatizaba con ella. Pero con el tiempo se fue distanciando cada vez más, hasta el punto de llegar a perderse en el protestantismo. Podemos decir que en la doctrina eucarística de Lutero se preservó una porción de misticismo. Otros reformadores, como Zwinglio, no tienen interés en ello, y Calvino la rechazaba radicalmente. Esto dejó fuera de lugar en gran parte al misticismo, hasta el punto que en 1671 Gisbertus Voetius pudo declarar que no había misticismo en la Iglesia reformada.[85] Esto dio lugar a que posteriormente se dieran movimientos que pretendieran una mayor espiritualización en la expresión de la fe protestante, como los pietistas o los cuáqueros.

— *Sola gratia y sola fide.* La teología protestante viene fuertemente marcada por las doctrinas de la gracia, en la que los padres reformadores hicieron tanto hincapié. En el quehacer teológico desde el protestantismo se hace un fuerte énfasis en la obra redentora de Cristo, entre ellas la justificación por la sola fe (Lutero) o la seguridad de la salvación basada en una inapelable e inmovible elección divina (Calvino).[86] Como dice J.M. Tellería:

En realidad, tales formulaciones, en todo o en parte, se hallan ya en algunas figuras destacadas de siglos pasados,

---

85 Propiedad Iglesia Evangélica Pueblo Nuevo. «Misticismo. Misticismo protestante primitivo». Artículo *web*. *Web* Iglesia Pueblo Nuevo. Disponible en: http://www.iglesiapueblonuevo.es/index.php? codigo=enc_misticismo [Consultado: 01·XI·2017].

86 Tellería, J.M. *Ibid.*

siendo la más importante de todas la de san Agustín de Hipona, que se fundamentaron en lo que leían en las Escrituras, especialmente en san Pablo. El gran acierto del protestantismo fue saber sintetizar todas esas enseñanzas genuinamente bíblicas en un corpus doctrinal coherente y bien ensamblado, fruto del cual han sido obras como la *Institutio Christianæ Religionis* de Calvino y todas las grandes dogmáticas que le han seguido desde el siglo XVI hasta hoy".[87]

La fe no debe ser nunca entendida como la garantía soteriológica que permite vivir a cada uno sin responder a la ética propia del cristianismo y haciendo un caso omiso a la llamada vital de Cristo, sino que la fe, en palabras de Juan Esteban, «no se trata de un simple creer sin esfuerzo nominal, sino una palabra inicial que produce en el hombre una vida agradable a Dios y a los demás. La fe que también tiene produce obras».[88]

O, como lo explica Tillich en términos de la psicología profunda y de la psicología existencial:

La fe hace la persona; la persona hace las obras y no las obras a la persona [Lutero]. Esto está confirmado por todo lo que conocemos en la actualidad mediante la psicología profunda. El significado ulterior de la vida es lo que hace a la persona. Una personalidad escindida no es alguien que no hace buenas obras. Hay muchas personas que hacen una cantidad de obras buenas pero ca-

---

87 Tellería, J.M. *Ibid.*

88 Londoño, J.E. *Ibid.* p. 245.

recen del centro ulterior. Este centro ulterior es lo que Lutero denomina fe, y esto es lo que hace a la persona. Esta fe no es una aceptación de doctrinas, ni siquiera de doctrinas cristianas, sino la aceptación del poder mismo del cual procedemos y hacia el cual nos dirigimos. En mi libro *The Courage to Be* («El coraje de ser»), lo llamé «fe absoluta», una fe que puede perder todo contenido concreto y a pesar de ser como es.[89]

La fe y la gracia están estrechamente unidas en la teología protestante, dando a toda su reflexión enfoque fuertemente cristocéntrico *(solus Christus)*. Cabe apuntar en este epígrafe que en muchas ocasiones la fórmula de *sola fide* ha sido de las peores interpretadas y distorsionas, a lo largo de la historia protestante, incluso dentro del ámbito propio.

— *Un diálogo:* Como bien hemos comenzando especificando, la intención primigenia de Lutero no fue la de separarse de la Iglesia; eso tuvo que ver más con derivas históricas y biográficas ulteriores. Incluso Lutero y otros reformadores desde un primer momento anhelaron y pidieron un concilio universal (¡ecuménico!) en el que plantear sus postulados y dialogar en aras de una mejora del conjunto del Cuerpo de Cristo.[90] Esta mentalidad ecuménica se ve reflejado claramente en las Iglesias protestantes históricas, como por ejemplo la así llamada Confe-

---

89 Tillich, P. *Ibid,* p. 261.
90 Tellería, J.M. *Ibid.*

rencia Misionera Mundial de Edimburgo, que tuvo lugar en 1910, pero que ya contaba con antecedentes en el mundo episcopaliano (anglicano) de los Estados Unidos.[91] Por ejemplo, en 1908 Spencer Jones y Paul Watson, dos episcopalianos estadounidenses, lanzaron la *Church Unity Octave* (Octava por la Unidad de la Iglesia), que tuvo una excelente acogida inicial en el mundo anglicano. La Iglesia luterana en Alemania es un claro ejemplo de unidad con la Iglesia católica romana allí. La concepción en diálogo ecuménico desde el protestantismo no tiene como horizonte la unión administrativa entre organismos eclesiásticos, sino en un diálogo interconfesional que sepa aceptar las diferencias distintivas (teológicas fundamentalmente), pero que no impida una labor testimonial conjunta de todos los que nos llamamos discípulos de Jesús.[92]

---

91 Tellería, J.M. *Idem.*
92 Tellería, J.M. *Idem.*

Patrocinio

EDITATUM

Esta es la página destinada a ofrecer al lector y a los medios de comunicación, todos los datos e información sobre el patrocinador de este libro.

Puede contener su logo, una breve reseña de su actividad o producto e incluye los contactos web, de correo y telefónico.

Además, el patrocinador figurará en el espacio correspondiente en la contraportada del libro. Este patrocinio figurará en todas las sucesivas ediciones de la obra si éstas se produjeran.

Si desea recibir información sobre el patrocinio de los GuíaBurros puede dirigirse a la web:

www.editatum.com/patrocinio

Autores para la formación

C🍄nferencias
EDITATUM

Editatum y **GuíaBurros** te acercan a tus autores favoritos para ofrecerte el servicio de formación GuíaBurros.

Charlas, conferencias y cursos muy prácticos para eventos y formaciones de tu organización.

Autores de referencia, con buena capacidad de comunicación, sentido del humor y destreza para sorprender al auditorio con prácticos análisis, consejos y enfoques que saben imprimir en cada una de sus ponencias.

Conferencias, charlas y cursos que representan un entretenido proceso de aprendizaje vinculado a las más variadas temáticas y disciplinas, destinadas a satisfacer cualquier inquietud por aprender.

Consulta nuestra amplia propuesta en **www.editatumconferencias.com** y organiza eventos de interés para tus asistentes con los mejores profesionales de cada materia.

www.ingramcontent.com/pod-product-compliance
Lightning Source LLC
Chambersburg PA
CBHW021008090426
42738CB00007B/706